捧 读

触及身心的阅读

漫漫长夜

打开的书也是

宋晓杰

著

中国友谊出版公司

图书在版编目（CIP）数据

打开的书也是漫漫长夜 ／ 宋晓杰著. -- 北京 ：中国友谊出版公司，2022.4

ISBN 978-7-5057-5452-2

Ⅰ．①打… Ⅱ．①宋… Ⅲ．①读书笔记－中国－现代 Ⅳ．①G792

中国版本图书馆CIP数据核字(2022)第058347号

书名	打开的书也是漫漫长夜
作者	宋晓杰
出版	中国友谊出版公司
发行	中国友谊出版公司
经销	新华书店
印刷	天津创先河普业印刷有限公司
规格	787×1092毫米　32开
	9.5印张　166千字
版次	2022年4月第1版
印次	2022年4月第1次印刷
书号	ISBN 978-7-5057-5452-2
定价	68.00元
地址	北京市朝阳区西坝河南里17号楼
邮编	100028
电话	（010）64678009

目录

青芒果之味

《芒果街上的小屋》

[美] 桑德拉·希斯内罗丝 著

潘帕 译

译林出版社

这是我从当当网购得的第一批书——我喜欢把书的量词定义为"批",有成就感,使我的眼睛因长久找寻、获得所带来的喜悦而发亮。

那几天,我搂着那"批"书睡觉,偶尔,还会偷食一样这个翻一下、那个瞟两眼,解馋,不知道先"吃"哪个好。那种喜悦,像我们小时候睡眼惺忪间,见爸爸妈妈夜半正拉亮灯看家里新上漆的大衣橱。

封面,芒果的色泽是我喜爱的,明亮,但不过分。像喜气是溢出来,而不是涌出的。这样中英文对照的版本看起来有几分好笑,又有几分温暖,会让人一下子就爱上,一下子就骨骼缩小,小成婴孩。除了给幼龄时期的儿子买过类似双语版本的画刊,给自己买还是头一回。

希斯内罗丝,美国女诗人,很清朗的眉眼。这是她的成名作,那年她三十岁。我想,若不是诗人,这颗"芒果"是不会这么诱人的。它盎然的诗意不是如油星浮在水面上的，而是溶解在气息里面的。那些话语纯净、朴素，认识汉字不多的人就能读出来——也只有认识汉字不多的人才能说出来，那份未经过多熏、染、淘、磨的"元"文字，呈现出的是最单纯、最清明的表达。

新鲜的味道，像芒果，像芒果街上的少女——埃斯佩朗莎。她的名字，在英文中是"希望"的意思，在西班牙语中则是"意味着哀伤，意味着等待"，是"一种泥泞的色彩"。这是一个意味深长的象征，预示着作为进入美国的移民，在传统文化与现实世界之间所处的尴尬境况。

芒果街上，到处都是她的声音。她的声音是通过文字传递出来的，像她的小手一样温软。虽然她生活在那个"小得让你觉得它们像是在屏着呼吸"的小窗口里，但她是知足的。她不吵不嚷，安安静静的，打小就能看出来淑女的特征。

她用四十四个包装一点儿也不华贵的小糖果，一天一颗，陪着你说悄悄话。关于她的名字、头发、猫皇后凯茜、好日子、吉尔的旧家具买卖、塌跟的旧鞋、田纳西的埃尔、四棵细瘦的树、阁楼上的流浪汉、猴子花园、亚麻地毡上的玫瑰、红色小丑……潺潺湲湲，面容安详，说得知心而体贴。少女时代最后的一段光阴，就在她如流的叙述中结束了。

用舌尖仔细地扫荡着唇周，甜味尚存，而人已长大，散失在天涯。

这是一个成长的故事，一个生命的故事。那些雨季里亮珠子一样的水滴，时不时地把过分阴暗的小屋照亮。生活是艰辛的，但我们没有看到自怨自艾，没有愁苦和抱怨，只有淡淡的感伤阵阵地潮涌潮落。

译者潘帕与我同庚，20世纪60年代末生人，生物化学博士后。后弃研从实业，闲时读书，偶涉艺文。我顺着博客地址摸到他的"家"。"门"开着，他不在。还好，"墙"上没发现他甜腻腻的艺术照，我尽可随意翻看他散落在四处的书本、图画，而不被忽然惊扰，不被破坏兴致。想象着他是什么样子，他便是什么样子。

其实，在"芒果街"，那一树一花，一人一物，都留有他的气味。仔细想想，我们已经交错着经过……

沉默的真相

《朗读者》

[德] 本哈德·施林克 著

钱定平 译

译林出版社

　　它的封面是我喜欢的。淡灰底，银亮的字，纵横纠结的铁丝网。这个图案让我想起我的一件直身裙，2001年在长沙阿波罗商场，妈妈陪我买的。那是我陪妈妈游韶山归来，途经长沙的最后一天。

　　《朗读者》没有让我失望。或者说，起初有点失望，直到读到汉娜的失踪时，我紧张起来……

　　法庭，纷乱的对词，米夏对集中营的寻找。我似乎闻到了没有完全被覆盖的黑色路面旁的尘土和草腥味儿。汉娜臃肿的粗腰是可以被原谅的。如果不是看到她细密的心思，我不会伤怀、难过。她走向归路，一根绳子那么细小，却可以轻巧了结五六十年的冗重生命……

　　一路读下来，我的心是沉凉的，一回比一回沉，一回比一回凉，却又悬空着，落不到底。于是，深谙推介者言称的还要读"第二遍"的意义。在阅读中，我不断向前，把一目数行没有细看究竟的部分重新过目，一个字一个字，像是数着糖。心中隐隐地责怪。如果你还没有开始"朗读"，我劝你，不要漏掉一个字，那也许就是感动你的星星或露珠儿。

是的，这是一本"简单"的书。一个十五岁的少年在得了黄疸病后的闲散日子里，爱上了一个大他二十岁的女子。之后，她从他眼前神秘失踪。再次相见，是在控诉纳粹罪责的法庭上，她因为当过集中营的看守而成了被告。十八年后，当完成忏悔，即将开始自由生活的时候，她却选择了死亡。

作品描述了一个"关于爱和性，爱的背叛和爱之死"的故事。在故事中，米夏明白了他爱情的秘密和他恋人过去犯下的罪责都有着同一个根源——汉娜不识字，这是她极力隐瞒的。他们的故事发生在德国。"因为本世纪的德国历史满是闻所未闻、骇人听闻的有教益的实例。该书讲述了法律条文在回答我们这个时代最大的道德灾难问题时束手无策。"[1]通篇没有生涩的字词和过多的歧路，很适合我这样"一根筋"的人一条道跑到黑地读完，不用我分太多的心思去记那么多名字和地名，去记谁和

1.此句出自法国《世界报》文学主编克利斯托夫·施扎纳茨的评论。

谁的社会关系——三辈以上、五里以外，我就会自行乱套。还好，它没有。完全符合我的思维和阅读习惯，剩下的，就是沉浸与感动了。

在这里，我说不清谁是时代的朗读者，谁应该受到审判，谁是牺牲品，谁承担了无谓的救赎，怎样解读如荼的欲望……

一个少年，他虽然身体越界过疆，但我们看不到肮脏、龌龊；一个女人，她隐瞒着罪恶，但我们看到了同情。特别是书中最后的提问，是在问作者自己，还是问所有的人？它们像一颗颗石子，把一池本不安稳的湖水一次次弄皱，涟漪愈发动荡、扩散开来。能有这样的反省，是读者的偏得。

也因此，我记住了施林克这个陌生的德国人，几乎无法相信他惯习操持的武器——悬念，这让我有找他的侦探小说来读一读的冲动。钱定平，似曾相识的译者。他们的联袂出演，让我更加信服优秀外国小说感动人心的力量。

清凛的独奏

《心是孤独的猎手》

[美] 卡森·麦卡勒斯 著

陈笑黎 译

上海三联出版社

这是一部"干净"的小说。之所以说它干净，是因为在三百多页的内容里，除了正文外，没有一个"多余的人"说三道四。也许印书的纸张都用来重印了——我在版权页看到，在不到一年的时间里，它已轰隆隆地印了七次。

说它干净，更重要的是因为小说本身。它的语言、行文、寓意——即使在平时用来表达肮脏意思的字、词中，也看不到表达者的不洁，令人叹服。我想，得到这样的阅读效果，不仅仰仗于作者的思想魅力、文字魅力，还有其不可忽略的人格魅力做底基。她是善良的、安静的、智慧的，因而她带给你的也是善良、安静与智慧。

我闻到了它的气味，略带素淡的干净空气的气味，在那个到处充斥着不安与混乱的年代，在那段漫漶的时光里，给了平凡的人们以亲切的宽谅和最深的安慰。

我记牢的，是它的一个个黄昏和午夜——"纽约咖啡馆"的、辛格出租房的、考普兰德医生厨房的、米克家餐厅的……因而它是暗的，一直是。但总有星星点点的灯光在里面，使夜晚并不沉闷。像他们内心深处的烛照，抖抖地亮着——正是这微光，为彼此传递着暗夜中的讯息："我在这里！"

这里"住"着一群孤独的人。他们作为个体时是孤独的，群居时也是。不过，他们仍然那么散淡地"腻"在一起，关照着具体的人、事和虚幻的心灵。

他们是一些普通人，他们也是特殊的群体：两个哑巴——安东尼帕罗斯和辛格，有点爱炫耀的女人鲍蒂娅，游乐场的杰克，爱小提琴和收音机的半大不小的女孩米克，半本书之后丧妻的咖啡馆老板比夫，离婚的医生考普兰德……他们在文中走来走去，过着不富裕但仍能持续的生活，他们吃吃喝喝，散散淡淡，偶尔打打闹闹，过着零零碎碎的日子却并不让人生厌。我逐字逐页地看完它，并没觉得费多大力气。人物很多，要逐一记住并不是我的强项。但我随便扫一眼，就能记得谁是谁的老婆，谁是谁的儿子。读到一些出彩的句子，还会因觉得它与现在我们的口语太相近而哑然失笑。

众多的人聚在一起难免喧闹，但我仍能看到安静角落里发生的一切。就像不急不缓的河流中，我仍能辨识得出那不被周遭左右的细流。它不起眼，无时无刻不随着整条河流跑动，但它分开水流，定力十足地始终是它自己——安东尼帕罗斯，一个出场不多的人，差不多是弱智，我看不出他的一点儿可爱之处；可辛格，他的伙伴，却把他视若灵魂的知己和依托。当辛格去看望安东尼帕罗斯，得知他已在疯人院里死去的消息——那不是玩笑。他孤独、绝望地用一颗子弹，轻悄地了结了自己……正是这些身体有疾患的人，唤醒了渐渐泯灭的人性之光。那些可贵的品质和无需言语的沟通，是许多看似正常的人也做不到的。

　　作者二十九岁身体瘫痪，但也许这是上天赐给她参透天机的契机和权利，她没有辜负。她锐利的目光穿过人世浮尘和重重阻障，直达人类精神的患处。"忏悔吧。让我指给你那光！"她悄悄抬起食指，目光里满是苦难过后的专注、沉静与笃定。

　　1917 年，作者生于美国，五十岁时去世。这部小说曾在美国"现代文库"所评出的"20 世纪百佳英文小说"中列第十七位。

七年与三天

《在我母亲家的三天》

[法] 弗朗索瓦·威尔冈 著

金龙格 译

上海人民出版社

在哈尔滨中央书店的满目琳琅中，我发现对我来说它是注定要读的。我只粗粗地浏览了一下简介，就不假思索地将其收入囊中。

我是感性的，不管是对人，还是对物——虽然因此吃了一些苦头。没办法，目光聚焦、停留的那一刻，我想它一定是有些"看头"的，并且坚信它会让我的泪腺在长久的淤滞后，得到一次畅快的疏通。所以，在捧读它之前，做一些精神上、物质上的准备十分必要。比如，要有明媚可人的阳光和心情，要依在能望见妈妈家后窗的舒服床铺上，要有两条吸水性极强的手帕，等等。

记忆中，从未见过这么特别的小说，以至于我不知道怎么说出它的特别。比如：我是戏院老板的熟人，我是在后台看完这出戏的——我先看到了演员。开演之前，他们在台上走来走去，说家常、开玩笑、谈论时局，与日常生活中的我们并无二致——姑且把它看作正式演出前的"假演"吧；演出的铃声响后，他们立即"板"了脸孔，摇身一变，成为彼此的母亲、情人、兄长……太有意思了！

我得了天大的便宜，买一张票却看到了戏里、戏外两场"戏"。且分不清哪是戏里，哪是戏外。他们在讲同一件事——小说被分为两个部分：一部分是散淡的叙述；另一部分似乎才是小说的正题。

可是，它行进的步子太慢了，慢得我心急如焚。我急于被感动——后来，不是因为感动，倒是因为急，差点儿让我掉下泪来。全书一百七十七页，小说部分是到了第一百零九页才在一阵嘘声中庄严地拉开帷幕的。而母亲，到了第一百六十八页才丢掉喷洒杀虫剂的水壶，躺倒在长满蚜虫的玫瑰花前。第一百零九页之前的那些纸张，都在描述一位作家游移着想去看望母亲前的种种生活：他八十八岁的母亲的生存状况、精神状态；他与女人的浪漫、缠绵；他游手好闲的生活、旅行；他与出版商的纠缠……他已答应出版社要写一本名为《在我母亲家三天》的小说，一晃五年过去了，仍迟迟没有动笔。

为了写这本书，他在痛苦中挣扎，税务机关跟踪他，编辑对他绝望，亲人替他担忧，他自己也得了忧郁症，只有母亲一直鼓励他。但他一直以母亲为中心，或者说是以南方的母亲为坐标原点，向左、向右、向上、向下做着不确定的离心运动，却始终没有走近母亲，始终没有进入具体的文字操作程序。

直到有一天，母亲突然病倒，危在旦夕，命悬一线，他才风尘仆仆回到母亲身边——他终于在母亲家待够了三天！

母亲"光着两只又小又瘦的腿，穿着睡裙和一件长袖衬衫，像一个瓷娃娃收藏品"一样，重新恢复意识。她微笑着对儿子说："我没有为你的书提供一个结局，但我为你栽了一个跟斗。"也只有在那意义非凡的三天之后，他"就下定决心要把它（小说）写完"。此时，小说戛然而止。但作者的许诺终于兑现了。

他让我们看到了我们常常以种种看似合情合理的理由、借口一而再、再而三错过的生命和生活——值得安慰的是，作者没有错过！我敢说，这个完满的结局留下的反思，比朴素、善意、沉痛的泪水，更能让人怀想、唱叹。

威尔冈耗时七年，完成在母亲家的"三天"——七年和三天，这个比例——这三天的含金量太重了，就像母爱的恩情一样沉甸甸的，也许我们一辈子也无法准确地称出重量。所以，小说一面世就得了龚古尔文学奖，令人备感欣慰。

用近四个小时看完十万字，日影西斜，浅淡的星子渐次盈盈呈现。下意识地，抬头望了望前楼妈妈家的后窗。灯亮着，我的第一反应就是——快点儿去看看妈！

时间不会永远宽恕、厚待我们，不会因为痛惜而倒流。有些事情是一分钟也不能耽搁的，否则，世界上最啃噬人心的两个字——后悔——会令你在有限的后半生中坐卧不宁、寝食不安，虽生犹死。

普罗旺斯的磨坊

《磨坊文札》

[法]都德 著

柳鸣九 译

北京十月文艺出版社

　　最早知道都德应该是上中学的时候，是因为一个懵懂的法国学生给我们讲述的"最后一课"。依稀记得，我们在远离主教学楼后面的平房教室里，听老师讲了那"一课"。我抬眼望向窗外，看那些没人侍弄的花草潦草而皮实地红着、绿着，忽然忧伤起来……

　　我把这个动作重复了几次，仿佛一抬头，就能看到那个马上就要失去祖国的沉重而悲痛的孩子；仿佛自己就是那个在甬道上无助、茫然疾走的孩子……就这样，我记住了——都德，一个用文字爱国的"战士"。

　　一直以为它是散文，在《磨坊文札》里我才知它是小说，而且整本《磨坊文札》收录的都是短篇小说。我忽略了都德作为小说家的文学地位，在此，我为自己的无知低头认错。

　　书的封面是一幅田园风俗画：正是丰收的时节，无边的稻谷随风摇曳，松松的栅栏在眼前横陈，奔驰的马车穿金浪而过，还有一辆卸了马的车，正闲置着。侧身田野的红顶民居隐于稻谷深处，一丛一丛的树林浓郁地绿着，埋头劳作的农人卖力地忙碌着。淡淡的远山、瓦蓝瓦蓝的天……且配有十四行诗一般优美清新的文字：

> 我远离巴黎尘嚣有千里之遥，在琴瑟鼓乐、美酒佳醇俱备的普罗旺斯省，落户于一个光明灿烂的山丘，周围全是阳光和音乐。

有谁能拒绝美和对美的向往呢？都德是法国文学史中在短篇小说创作上取得较高成就的作家之一，但他短篇小说的数量却并不多，总共不到一百篇。而《磨坊文札》收录了三十一篇。

都德成名后，在普罗旺斯乡间的一个山坡上，买了一座旧的风力磨坊。他经常从喧哗的巴黎脱身，去那里生活、写作。《磨坊文札》便是那里的风光画廊和韵味绵长的风俗画。

在那里，都德满怀亲切眷恋的柔情，用简约清丽的笔触和色调，为我们描绘出了一幅幅优美动人的画卷："南方烈日下幽静的山林、铺满了葡萄与橄榄的原野、吕贝龙山上迷人的星空、遍布小山冈的风磨、节日里麦场上的烟火、妇女身上的金十字架与花边衣裙、路上清脆的骡铃声，还有都德他自己那著名的像一只大蝴蝶停在绿油油小山上的磨坊……"

通过这些淡的、雅的、安静的、不慌不忙的、散发着谷物和草青气息的文字，一个梦幻般的普罗旺斯跃然纸上，满地都是悄悄而又旺盛的生命；随处都是渴望安宁的人所热爱的生活……都德用与风景极度般配的柔和素雅的文字，传递出普罗旺斯的独特气质——那也正是他本人独特气质的物化和再现，是都德敏锐的艺术视角与温和的人生态度的有机结合。

他的小说不以"讲故事"见长，而充盈着异常鲜润的诗意。那诗意是满的，溢出来，溶于山山水水、沟沟坎坎。这不免使我多少有些释然。因为我几次试过写小说，由于做人太"老实"，行文也"狡猾"不起来，这一度让我发愁，觉得自己不是那块能派得上用场的"料"。看了都德，心安了。

但随之便有了一点儿奢望和无望：什么时候，也有自己的"磨坊"？什么时候，才能一沓沓地写出属于我的"文札"？也许穷其一生，也不会有。好在，我把它放在需要不断抽取翻阅的"常用处方"的地位——有那么几本书，是镇静剂、安心丸、退烧散、去痛片，它们会在我因人间烟火麻烦缠身时，让我快速地安静下来，"记吃不记打"，重新向往与梦想。

像夏加尔一样飞翔

《我的生活》

[法] 夏加尔 著

余中先 译

北京十月文艺出版社

　　"我的生活"。这名字不讨巧，清水白菜似的，没油水，也没有五花三层的肉片儿，好像连根粉丝都没有，除了苍凉和那么一点点忧伤——

　　似乎，是垂垂老矣的沧桑者拄着拐，倚在阳光灿烂的窗下，向晚辈讲述他的一生，不时有零碎的光斑，像不规则的褐色老年斑一样，映在脸上。也可能是这样的场景：弥留之际的老人，抖着长髯，颤颤地指着一个快要锈死却仍执拗地紧锁着的红松板柜，话还没说完，已无力地垂落了手臂；当年轻的后生会意地拿出一沓卷了边沿儿的本子出来时，老者已知足地沉沉闭上双眼，眼角似有两滴清泪湿热地，滑下……

　　可这却是俄罗斯画家夏加尔的自传。封面上写着这样一行字：

在我看来，艺术尤其是一种心灵状态。

扉页上写着这样三行字：

> 献给我的父母，
>
> 献给我的妻子，
>
> 献给我的故乡。

夏加尔的国籍是法国，他既是油画家、素描画家和版画家，又是雕塑家，他还搞过舞台布景、服装设计，晚年还制作过教堂的彩绘玻璃画、马赛克画。天哪！只要是与画有关的事情，他还有什么没做过？他受立体主义、表现主义的影响，却始终如一地保持着自身的风格和魅力，真难得。

这本书写于1922年，是他对自己近四十年的前半生的回顾。他竟然活了九十七岁！这个犹太人，在动荡不安的生活中，在坚持不懈的艺术探索中，他的眼睛、鼻子、嘴、手和脚，居然用了近一个世纪。它们太有功劳了，简直就是艺术的"母亲"！正是它们创造了那么多那么多那么多……传世佳作。

看完书，我没记住夏加尔颠沛流离的前半生，没记住他几十年人生历程——他一忽儿俄罗斯，一忽儿巴黎，一忽儿又是希腊、日本、意大利、奥地利。但我知道，他是艰难的、执着的、一意孤行的。他的每一步都更趋近于他的绘画——即使是短期的迂回。但长长的路径永远向前，始终沿着他追求的方向。我仿佛看到他一直在动乱中相对安静的角落里，咬着嘴唇，坚持着，哪怕咬出血来。

这个译本，是根据夏加尔第一任妻子蓓拉的法语译本翻译的。句子简短，用词简练，三两句就重起一段；有时一句就要换一行，读起来不累。不管从视觉上，还是从文笔上，文字都很有节奏感。粗粗看，像散文诗一样明快；读起来抑扬顿挫、朗朗上口、动感十足。仿佛那些苦难、挫败、屈辱都充满诗意。那些平常的字词，经夏加尔的口说出来，便是婉转的，像小溪，带着清亮、别致的新意——像世俗人眼中的物件，经过他的眼睛，便是美妙的艺术了。

我暗自思忖：如果不是对艺术、对生活、对生命充满热忱，充满神圣的敬畏，我想象不出，一个重压之下的生灵，会发出这般从容的声音。

我相信：面对他热爱的尘世，艺术创造者的器官是全部无遮拦地敞开着的，他的视觉、听觉、嗅觉、触觉、味觉……是完全可以互相转化的，就像文学修辞中的"通感"，它们共同表达艺术家心目中艺术化了的世界。

鼓动我买下这本书的，是记忆中的那幅画《生日》，隐约记得作者叫夏加尔，却并不知他到底有怎样的来历，有着什么底细。当我在书中再次"遇"到它时，我们已是老朋友了。

看看吧！他们凌空飞起来，在一个居家的、日常的房间里。女主人手捧盛开的鲜花，微微弯曲、齐耳的清爽短发，棕紫的长裙，翻出来的白白的衣领正好与露出的白白的小腿儿相衬。男主人鱼一样柔软，吻着他的爱妻，深深地陶醉。这场面，与明净的窗外一条一条的田垄和紧邻着的座座农舍，共同勾绘出了一幅人间至爱的美景。既有精神，又有物质，这不正是人类期许的终极吗？

不知怎的，我记得画中是有一只猫的，仔细在画的四角搜了半天，也没有发现。后来，倒是在另一幅画《窗外的巴黎》里找到了。嘿嘿。看来夏加尔已深入我心，我都记混了。

小银，银白月光的银

《小银和我》
[西班牙] 希梅内斯 著
[西班牙] 菲萨克 译
中国和平出版社

又一次看见它——在曦光中，有着亲人和清晨般的温煦、和暖。

四个多月前，无意间知道有一头可爱的小毛驴叫"小银"，便在碎银子似的月光下辛苦地找它，一次次……当它从一团紫粉的雾气后面走出来，我以为它是俗艳、妖冶的——不是，它素洁的毛皮一点儿也不扎眼，很驯良，很温存。如果说那一次把它"领回去"有点儿冒险，那么这一次主动见它，是我有话要说。

我想小银该是小女孩的芳名，不尖锐、不花哨、不强词夺理、不无理取闹。事实上，这头小毛驴也是如此这般，只不过它更安静些，几乎没说过一句话。它抬着它的小蹄子，在西班牙的一个小乡村里，来来回回地走：10月的午间，古老的公墓、城堡、斗牛场的废墟、山冈、果园……都有它的踪影。事实上，它更像个小男孩，天真、好奇而又调皮。它喜欢美,甚至还会唱几支简短的咏叹调。它有自己的语言,足以充分表达它的喜悦、欢乐、沮丧或者失望。有一天,它悄悄咽了气。世界上从此缺少了它的声音,好像它从来就没有出生过……

严文井爷爷说:"我听见你的叹息。小银,那是一把小号,一把孤独的小号。我回想起我多次看到的落日……一阵鼓声,小号突然停止了吹奏。那些不协调音,那些矛盾,那些由诙谐和忧郁组成的实体,都在逐渐减弱的颤音中慢慢消失。一片宁静,那就是永恒。"多美的哀伤!

序言无疑是对小银的定论(它尽可以放心地睡着了),成为对我们内心破碎与塌方的一次妥帖的安抚。从这个意义上说,一点儿也不难理解作者希梅内斯为什么会给它写了一百多首诗:每一首都是哭泣,而每一首又都在微笑。

在希梅内斯眼里,小银就是他的兄弟、朋友或者孩子,毛茸茸的,小巧玲珑,温驯可人,全身软得像一团纯洁的棉絮,一双黑宝石般的大眼睛含着明净、忍隐的光。在辽阔的自然面前,他们是同类,他们属于同一个种族,没有欺骗、占有、贪婪、不义……而彼此平等,彼此关爱,这是多么令人神往的美妙境界!

在扉页，希梅内斯写道："为纪念/住在索尔街的/寄给我桑椹和石竹/可怜的小疯子/阿格狄亚。"在他那里，小银说不定真的就是一个具体的人，最起码，他是把它当作一个人——去爱的。

希梅内斯在获得诺贝尔文学奖之前，精神状况已很不好，时不时坏得无法收拾。但他竟写出了小银！令人惊喜！那份清爽和干净，那份柔波荡漾的绵绵情怀、温婉暖意，那份斜阳晚霞的不尽惋叹，都是轻的，轻得任谁也拿不起来，只能不错眼珠儿地看着，看着……否则，一眨眼，就化掉……

我暂时放下我的心伤，却想到了另一个层面上的事情：一个病着的人，为什么能发现并洞彻如此静谧安适的世界？又为什么如此心平气和？是不是这个肉体病着的人，内心藏着一个隐秘、开阔的庞大宇宙？

一定有！否则，他不会写出如此妙曼、流转的文字——那简直就是个个身着白纱的圣洁天使，根本无法用世俗的语言来诠释、解析。它们的思想长着透明的翅膀，嗖嗖地飞，向着微弱的光。寒星隐退，天地訇然洞开。因此，我们才有幸看到那些我们肉眼看不到的朴素的美丽和真理。是一小部分那么优异的个体，让我们看到了自然的可贵品质——他们是上天派出的神灵，代替人类受难，代替苦难中的人类发现智慧的曙光。

作品自 1914 年出版以来无数次再版，小银被无数孩子和大人爱怜地搂在怀里，保持着爱的恒温。没有绿卡，小银照样走过许多国家——它的善良与美好就是护照。如此看来，它的"离开"多么令人欣慰。

因为喜爱，我又给朋友买了小银。可这次是另一个"小银"，它的名字叫《小毛驴之歌》。不能说这个名字不好——有嘹亮、昂扬的意味在里面。但相比之下，我还是喜欢《小银和我》。它是低的，向下，安静，听不到咴咴的叫声，而淡淡的霜和伤怀洒在地上——像秋夜疏影下的月光，薄薄的一层，不至于太清冷，但却令人止不住回头和怀想……它的玫瑰色封面，像一小团柴火，不会有太多的热度，但却是暗夜中的萤火，有着跳跃的向往……

春花秋月，就像你看到的那样

《四季随笔》

[英] 乔治·吉辛 著

李霁野 译

上海人民出版社

本来是有点儿失望的，因为囫囵地看了不知多少，仍未觉得吉辛的春秋到底有多好。差点儿就暗自埋怨那个隐身人是在"瞪着眼睛"说"瞎话"了。

可是，有一搭无一搭的阅读中，一个句子猛然绊了我一下。也可以说，是极其温柔地拦住了慌里慌张的我——他说："没有人比我更知道：用多么少的东西，就足以维持生命。"翻了一页，他又说："人是爱抱怨的动物，总爱想着自己的苦恼。"如果说刚刚那句话是减速，那么后一句就是急刹车了。我被他面对生活的泥淖和塌方却仍旧不急不躁的性子，惊住了。

接着，我陪吉辛在这样和缓的气息中走走停停，听他谈论宗教、种族、政治、哲学、文学、读书，甚至金钱、幸福或烹调……像一根棒棒糖，到最后的部分尤其甜：一方面可能的确是甜的；另一方面，可能是我太马虎并没有细心体会。仔细倾听了他的后半部分絮语，忽觉有些好话没有听清，实在是一种罪过。

于是，把书页往回翻，回到从前。

浩荡的三十九页是译者的前言，这是少见的。看到第二遍时，心已不再浮浮沉沉，转而觉得那厚厚的一沓纸并不难读，一条主线很顺畅就下来了，像没有大分岔的山路，不会迷失回家的路。

《四季随笔》这名字并不出彩，但看了文字，觉得这么清清爽爽的反而好。书名原叫《亨利·赖克罗夫特杂记》，叙述隐士赖克罗夫特醉心于书籍、自然景色、对过去生活的回忆。实际上，是吉辛通过主人公的口吻抒发个人的感情，解析自己的心路历程，因而这本书可以说是一部极富自传色彩的小品文集。

原来他还想把书命名为《闲着的作家》。"闲着"的吉辛用近十年的时间酝酿，写了两年多，才把他的一种思想、一些回忆、一段幻想、一番心境、一个美景、一份感受……缓缓呈现出来。而呈现出来的种种，可以说，"渴望的成分远胜过回忆"，正如扉页上他所引用的贺拉斯的诗句"像我所祈求愿望的"那样。

说不清具体的因由，但我相信有一个神秘、玄奥的时空存在，一直相信，它主宰着人的许多不可言说的部分，而人的名字便是这其中莫可清晰的转述之一。

Gissing 的名字汉译为"吉辛",有吉祥和辛劳两层意思,加在一起总有几分令人心疼的感觉。的确,活了四十六岁的吉辛命运多舛:十三岁丧父;大学时因同情,为接济一个娼妓而窃取别人的钱,坐牢一个月;后教书、写小说,贫困至几乎饿死。他的两次婚姻,一妻放荡不羁,无可救药(是曾被他救过的娼妓);一妻为泼妇,后被送进疯人院。最后,他在与第三任爱人无法合法化(第二任疯妻没有离婚)的同居生活中静静地撒手人寰。在选择朋友上,他的结果也并不太好。

吉辛共写了二十三部长篇小说,他是维多利亚时代后期最出色的现实主义小说家之一。他耐心地看着你的眼睛说:"你会看到,我将挤进小说家的队伍,不管我的地位是一个士兵或者一位将军。"可是关于他的小说的评论颇有分歧。他本人研究狄更斯的作品,倒是享有很高的评价。但为他赢得声名的,却是这部《四季随笔》。

对此,吉辛早有预感。他说:"在我的其他无益的作品随着我的无益的生命逝去时,这部作品多半还会存在。"因为只有这部作品是为满足自己而写的。

恰恰也是这部作品,使他在以兰姆为首的一批随笔作家中得到一个地位——除斯蒂文森之外,他比任何其他作家地位都高。休·沃克称他："有些知心话像兰姆一样亲切，几乎同样令人愉快。"

吉辛曾称赞弥尔顿，说："气质高贵的心，勇气，慷慨；清楚的头脑，锐敏的眼睛；命运无论善恶都同样可以应付的精神……无论遭遇到怎样的厄运和谗言，他总记住旧时在任何威吓之下，都勇往直前；而且若有必要，也像他一样，认为自己的责任和职务是：立住脚跟等待。"是赞佩，也是自况。

《四季随笔》中的风景描写堪称一绝，读来分外赏心悦目，庄严、宁帖、和善、明媚、荡涤凡尘。我们已听到、看到许多人间和心灵至真至纯的美景。

更重要的是，风景中徐缓前行的那颗高贵的心，让我们感受到了生命的趣味——无论境况怎样贫穷、困厄甚至不堪，只度过属于你自己的相对满意、安静的生活吧。说到底，那是谅解人类种种不周全的一种清澈的——大爱。

或可预见的哀愁

《哀愁的预感》

[日] 吉本芭娜娜 著

李重民 译

上海译文出版社

这是我近年来唯一一气儿看完的文字，也是目前为止我读到的最短的长篇，与我十二年前读到的《廊桥遗梦》相当——之所以把这两部小说相提并论，是因为它们都不到九万字，而且它们表述的都是人类最本质、最纯洁的情感。虽然那情感在青草的遮蔽和埋伏下，看似那么不同，我却看到了它们没有被人为地搞成异端和另类的强大的、撼人的力量。

我是在漫长的假期就要过去时忽然想起它的。其时，它放在我的床头，和其他十几本新书一起与我共享床铺和晨昏。我在新长篇写作准备的几天中，急需"清凉、异样"的东西换换"口味"。我顺手摸到它——就像老太太吃柿子找软的捏。我选中它，是因为它独一无二的薄。

早五点到六点半，八点到九点半，是这一次阅读的有效时间。其间，我还去了一趟菜市场，买回若干蔬菜和一两种水果。回来，洗净了青菜，用啤酒、辣椒、鲜蒜、香菜炖了一段不知什么鱼，并吃了有奶、面包、山东大红枣、西红柿、芒果的早餐。说这些，无非是要感谢它们暗中帮助了我，使我对这个充满浓郁生活气息的故事有了更深的体味，仿佛一抬腿，就进入其中。

其实，它也是"精神"的，但那份形而上的依托并不高蹈、晦涩，它化在形形色色的生活细节里，并被赋予了柔情、温婉、浪漫、怀旧的底色和明媚、节制的光亮，让人看得见、摸得着。那些我们平素所见的日常，便附带上美丽而动情的忧郁和感伤的情怀。

这是我看到的作家生活年代离我最近的日本作品——吉本芭娜娜生于1964年，比我大四岁。历来，我对与我年纪相仿的外国作家的作品是不大接受的，多年来我愚顽、固执地拒绝着。而这次选择它是因为怪怪的名字和迥异的说辞——好奇心，往往是意外的先遣：不是先驱，便是叛徒。

哀愁，是个矫情、文艺的词；而预感，是说不清、道不明的抽象——像数理化抽得让我头皮发紧；又仿佛玄乎乎不着边际、没边没沿儿地说话。这两个词连在一起，会鼓捣出啥？

明黄的腰封上，是黑色的宋体字："灵异的标签""日本疗伤系小说教主 创作观念成熟之作"。反面，一个叫村上龙的人说："那些人批判芭娜娜及她的拥护者缺乏深度，是因为他们根本还没意识到社会上存在一群努力适应社会、因而产生巨大饥渴感的新世代。"不喜欢这样的指引，且黑、黄色彩的搭配也显得凝重、肃穆，似乎隐隐有种悼念的感觉。但我喜欢作者的一句话："生命是一个疗伤的过程。"它同样也印在了封底上。

我翻开第一页，想看看她是如何疗伤的。没想到，小说非常好读——情节不复杂，人物也不多，但每一个字我都不想马马虎虎地跳过，它们有着十足的吸摄人的力量。

其实，把它定性为"灵异"是不妥的，它就是我们身边隐藏着的人之一之二之三，并不是神乎其神的异族。而说它"疗伤"，我还是认同的，况且我喜欢这样的"治疗"。说白了，那种情绪似乎一直潜藏着，随着血液在我的身体里流动。

这是一本"青春梦幻手卷"。少女弥生天生异能，常在忽然之间就能感受到古战场的血腥；或真切地梦见疯狂的母亲将婴儿溺死在浴池中；看到父母高兴地准备旅行物品时，她也能准确地感受到将至的灭顶灾难……

十九岁那年初夏，她感知自己还有一个尘封的童年。那个独居且看似怪异的阿姨雪野，其实就是自己的亲姐姐。她毅然前往雪野封闭、阴晦、零乱、隔世的房间，与之相认。雪野不堪回忆之痛，竟在翌日一早不辞而别。弥生心中异常郁郁，为了帮助姐姐走出丧亲和亲人不得相近之苦，她决定不再逃避，一方面接受了自己是养女的事实，一方面一路找寻姐姐雪野。在找寻的路上，弥生首先正视了小她一岁的"弟弟"哲生对自己恋人般的情感。同时，也从姐姐的男友立野正彦口中，了解了姐姐不舍又不能明视的情感。其实，姐姐并不像她所看到的那么古怪、犹疑、无情无义。这更坚信了她寻找的决心。一次找寻落空后，在姐姐的房间里，在钢琴一侧的脚边掉着的一个小本子里，她发现了姐姐的去向。那是一本青森旅行指南，而他们全家最后一次旅行的目的地就是青森。弥子看到了旅行指南上爸爸的笔迹，那个确实曾在世上生活过、她最亲最爱的人留下的气息……她的记忆苏醒了！当弥子于星夜在亲生父母遇难的现场，找到独自凭吊、追怀往事的姐姐雪野时，她多么兴奋！亲人相从、恋人相拥，世间还有比这样的时刻更令人心旌摇动的吗……

雪野心头那些如阴霾遮蔽天日的忧郁随之云散。

一个看似不正常的活在"过去和梦中"的人，在经历了种种无法排遣的、挥之不去的缠绕的哀伤和毫无秩序的杂乱无章的生活之后，在亲情的感召和抚慰下，重新与亲人和恋人对视。雪野终于结束了孤独无助的虚空迷茫的内心生活，回到了久违的繁华人间……

小说让我回到了童年，回到了青春：儿时游戏的一个小细节，一行不明日期的模糊笔迹，一缕黄昏的寂寞，一些不同口味的盒饭，亲人泪汪汪的一段往事，晃动着黑鬡鬡树影的夜行列车里的一次出游，学生时代一堂美妙难忘的音乐课，情窦初开的一个眼波，新奇梦幻的一丝短瞬哀愁……都是那么清楚，浮雕一样，仿佛一个个伤感的梦，发散着水草的淡腥和阳光的香。

因此，我还是对人们把它定性为"灵异"小说想不通，耿耿于怀。它分明是清澈、舒缓的，甚至连伤感也是淡淡的，没有一点儿阴森、恐怖的霉味和冰冷，没有一点儿荒诞和怪异；也没有暧昧、如芒在背的令人难以消受的切肤厌倦。一切都是那么自然、明快、清爽、干净，水到渠成。

编者说作者"如同只能在大海里前行的鲨鱼，吉本芭娜娜恐怕会在有着稀奇古怪生物共存的大海里继续游下去吧"。但我用心"吃"着一页页——像我认真耐心地吃我的早餐，唯恐漏掉一个字、词。因此，它也兼具了早餐的营养，让我舒服地带着吃早餐时的心情享用。

缺席的母亲

《我母亲的自传》

[美] 牙买加·琴凯德 著

路文彬 译

南海出版公司

　　这部"自传"令我百思不得其解。十二万字的长度，而我在一天的焦急期盼中，只发现有不到一页文字描述了"我的母亲"，且好像被框在窗棂似的简约的横竖框里——她的身材、头发、手指、腿脚、面颊、步态如何，她是一个"安静、怕羞、忍耐、顺从、谦逊、但愿早死的人。她成为了这样的人"。"母亲出生后，她的母亲把她放在了法国修女住处的门外，她受了洗，成为一名基督教徒。"

　　除此，再没有蛛丝马迹能够找到"我的母亲"，尽管主人公雪拉不断提到母亲，仿佛她就在身边，伸手即可拉到她的衣角儿。但即使动用现代的电脑合成技术和高超的刑侦理论，我想也不能准确地画影图形，把她"还原"出来。我有点儿埋怨这个神神癫癫的牙买加，为什么故弄玄虚，把我们唬得一愣一愣的，却又不得不陀螺似的跟着它越转越快。

"我的母亲生下我就死了。"这是全书的第一句话。我想这才像个回忆录的样子。时间的轮子轰隆隆把我们拉回旧时光，我们与牙买加一起，在母亲的庇护下重"活"一回；但这同样也把她架到了一个倾斜、陡峭的高度——为一个死去的人作传，就像对一个人盖棺定论一样不好把握。我在心里替她捏了一把汗："真有你的！"

但书的勒口处介绍说：牙买加·琴凯德[1]是当代英语文学界极为重要的作家之一，经常被评论界拿来与另外三名曾获得过诺贝尔文学奖的作家相提并论。这部带有浓郁自传色彩的小说，以散文般优雅、明澈、醉人、悲怆的腔调，"追忆出整个多米尼克世界全部的美丽与苦涩"。没说的，读吧！

雪拉活了七十多岁——我读完这本书时，她仍然活着——但文中讲述得更多的，是她二十岁之前，具体地说是十五岁前后经历的种种不堪。

雪拉一生下来就死了母亲。整天执行公务的狱卒父亲冷漠，丢脏衣服一样把她丢给一个洗衣妇寄养。在洗衣妇家，她过着没有童年的生活。因一只无意间摔破的

1.后来的译本译为杰梅卡·金凯德。

碟子，洗衣妇就不惜口沫地骂她，连带着把她从死去的母亲一直骂到活着的父亲。

七岁时，父亲把雪拉接回家——别人的家，不是她的。她首先看到的是父亲的妻子"一张邪恶的脸"。父亲又结婚了。"父亲的妻子"让她吃发霉的食物，并用干浆果和磨光的木头、石子以及从海里捡来的贝壳做了一条毒项链，企图无声无息地害死她。所幸，雪拉没有相信她的"好心"。雪拉把项链戴在狗的脖子上，竟毒死了狗……雪拉回去后不久，有了一个妹妹伊丽莎白和一个弟弟（十九岁时死于浑身的脓包）。父亲的妻子和女儿把雪拉视为窃贼，好像她会伺机抢走她们要继承的财产。的确，雪拉的父亲是有钱的，但他的精力大多花在结交更多钱财的"朋友"上。在外面，父亲出现在哪里，哪里就将有人"入狱或终生赤贫"；而在家里，雪拉同样也没有感受到一份叫"爱"——或者更细化为"父爱"的感情。在雪拉的生活中，父亲就像个影子晃来晃去，一忽儿现了，一忽儿隐了，比她梦中都看不见的亲生母亲的脸更虚幻。

十五岁，雪拉离开父亲的家，来到罗索[1]继续她的

---

1. 多米尼克国的首都。

中学学业。她寄食在父亲的朋友杰克和他的夫人莉莎的家中。谁知，那个友谊基础薄弱的"朋友"杰克，在没日没夜地数那些先令的间隙，竟"帮助"呆坐在房后小小背阴处、看着盛开着的寂寞花儿的雪拉——沉在青春饥渴、无助、茫然中的少女——走完了向妇人转变的那一小段路程……莉莎对她分外"疼惜"，完全是因为自己的子宫"像个筛子，容纳不住孩子"，而容忍雪拉"和她一起过白天，又和他（杰克）一起过夜"，完全是想成就自己做"母亲"的梦。但雪拉还是分两次（第一次没弄干净）打掉了杰克的孩子，毅然决然地结束了她的寄食生活。

在一个筑路工地上，雪拉剪掉辫子，穿着廉价买来的一个死男人的衣裤，筛沙子、提砂石养活自己……这时，父亲第一次闪现出人性的"光芒"，他来到雪拉租住的小屋，并送给雪拉一个牙买加丑橘和三个葡萄柚。两天前，他还托别人送去一封公文般正经的信——他让雪拉回到自己的家。

后来，雪拉又经历了医生菲利普（她给他当用人）、码头装卸工罗兰这两个男人。但她已经明白，她"寻找的不是一个丈夫"，她"根本不会嫁给一个我爱的人"，她"嫁给了父亲的朋友菲利普"。婚后，他们搬到很远的山里去，那是她母亲的族裔生息过的地方。"到结婚的时候，我的子宫已经干瘪，枯萎得就像某种剩了太久的干菜……"她像拒绝爱情一样，拒绝生一个像她一样头发和面容的孩子……

雪拉的妹妹伊丽莎白死了——带着因在秘密约会中坠下悬崖导致半残的躯体，离开了内心的欲望和对雪拉无边无际的愤恨。

雪拉的丈夫菲利普死了——远离他的出生地，远离孩童时代支撑过他的一切，远离可能爱过他的女人（前妻），孤独地死去。

雪拉的父亲死了——他遭了不少罪，痛苦地撒手，离开了火山土上能够给他换来无数钱财的咖啡、香草、丑橘、酸橙、柠檬、香蕉……还有暂时容纳一批批食不果腹的房客的无数房产……

"最后，我成了一个孤儿。"但七十岁的雪拉并不怕。她"从来就没有伤感过"，她接受那样超乎寻常的平和的降临，就像接受自己的手、脚和双眼一样。这时，我终于明白了本书的名字与内容的主旨——

雪拉说："这里对于我的生活的叙述，已经成为对于我母亲的生活的叙述……它又是对于我没有生下来的孩子的生活的叙述，这也是他们对于我的叙述。"她还说：

"死亡是唯一的现实，因为它是唯一确定的，万物皆无可避免。"

这是雪拉的最后一句话，也是牙买加最想告诉我们的。我忽然想起杜拉斯，那个一辈子都活在情与爱之中的法国女人（她即使活到两百岁，也还应该叫"女人"），想起她个性鲜明、敢爱敢恨、虽绝望而保持抗争的谜一样的丰沛生命。

译者后记的题目是：《除了愤怒，我一无所有》。译者还让我看清了牙买加"毫不妥协的对于殖民主义的政治压迫与文化清洗"的自觉；看清了她以透支的方式"燃烧起来的愤怒的大火"，以及，所波及的殖民主义、种族、性别、儿童、亲情等方面的燎原火势。而文中，"母亲"的缺席，指涉的是一个卑微民族历史的缺席。她借助"母亲"的形象，完成了自己对民族历史的想象，完成了对一个民族记忆的修复。

作品的语句重叠、杂沓，动用了大量的排比和语词的反复，不仅加重了语气、加深了语义，而且排山倒海地"倒"出胸臆中的情感。俯拾即是的分号、冒号、破折号，也使文章充满了变数，像室内一个个细微之处不起眼儿的硬朗小别针，或闪着寒光而无甚内容的精致小牌匾，极富主人的"家居"特点和性格特色。同时，它们还兼具锐器的作用——为读着读着心中就积聚起来的恶气，找到一个个妥当的出口……我仿佛见到了那个融于熙熙人海之中、从未见过面的默契挚友，一个眼神儿，一缕气息，便遥遥地，认出……

最是蚕食的疼 不可言传

《耻》

[南非] J.M. 库切 著

张冲、郭整风 译

译林出版社

　　掩了硬硬的书本封底，就像关了一扇窗棂……而下着雨般的心情，却如外面街衢般湿滑、泥泞——这是接近黄昏的时刻，就在我怅然抬眼远望暮色中的生活一两次之间，天色完全暗下来。我摩挲着封皮，它分明是细腻的——虽然它有一层硬壳包裹着，但它让我的心硬不起来。我长长地吁一口气，再咽下一口唾液，虽然咽下之后就准确地堵在心口。除此之外，我还能怎样？

　　库切获奖是早有的事，而我迟迟才见到《耻》是因为我不喜欢跟风式的阅读，但终于还是跟了风是因为有朋友"又一次"向我推荐了它——那位朋友的鉴赏力是我所信赖的。果然，我一下子爱上它，像率性地爱上一个人。

　　封面上的图案是人的骨骼。是啊，哪个故事不是"人"所为？而极尽简捷的骨架结构，正说明事物的大致框架亦是如此。混混沌沌的背景——有点儿土灰，有点儿墨绿，有点儿棕褐——让人的思绪纠缠不清，与世间的情感有相似的感觉。这样的感觉，我是愿意领受的。那么，让我们来看看这个故事——

开普技术大学的文学与传播学教授，五十二岁的卢里因勾引女学生梅拉妮并与之发生关系而被校方开除。他已离婚两次，唯一的亲人是远在格雷汉姆镇的女儿露茜。他无奈地告别学校，风尘满面地来到女儿的农场后，心灵的创伤并没有在亲情的慰藉下得到疗愈。相反，他与多年不在一起生活的露茜根本无法沟通。但是他耐住性子，除了忍受窘境之下心中不能抚平的阵阵波澜之外，他还要降低姿态，与仆人佩特鲁斯一起清理灌溉系统，铲除田地里的杂草，打扫狗舍，帮助贝芙在动物诊所干些杂活儿……以继续他接下来的生活。但那些生活境况中的不堪像鞭子一下下不停地抽打着他的身心。这还不算完，女儿在一场抢劫中遭受三个黑人（其中一个还是个孩子）的蹂躏，使他的天空更加灰暗……

在仆人佩特鲁斯家庆贺新居落成的聚会上，卢里看到那个曾对女儿施虐的黑人孩子。此时他终于明白，他们其实一直生活在黑人的包围圈中，因为那个黑人孩子竟是佩特鲁斯的亲戚。显然，在那片土地上，他们找不到所谓的公理和常情——那里不容他们！在那里，根本不存在他们真正的生活。可是，他没法说服已"臣服"于那片土地的女儿脱离黑人的"统治"。他心事复杂地独自离开。

而他的家是怎样的呢？玻璃窗被打碎，家具被搬走，食品被掏空，枯叶在屋子里打旋，地上是厚厚的尘土……简直一片昏暗！

但那是他自己的世界！卢里依靠创作歌剧《拜伦在意大利》度过独自欢娱、激情昂扬的一个又一个晨昏。歌剧中关于拜伦的内容，是他在大学课堂上讲过的。他的行文中不断地出现这位大诗人与其情人的相关情节，它们似隐喻，似象征，似一条细细的柔韧的丝线，连缀着什么。"大自然的哭泣，人世间涌动着无尽的情欲。"这样的杂糅，是不是在暗示着卢里的所思所想？是不是在为他离开课堂前后的行为佐证呢？我读出了卢里不能达成愿望而又无比渴望的酸涩心迹……

三个多月后，他在贝芙打来的电话里支支吾吾的叙述中听出了蹊跷。当他再次回到女儿的农场时，那里的情况令他瞠目结舌——女儿怀孕了！孩子的父亲就是那三个强奸犯中的一个！他再次让女儿离开那里。而女儿，却以更加固执的方式回应了他——哪怕放弃土地的所有权，哪怕做仆人佩特鲁斯的第三任妻子，她也要把孩子生下来，过她"自己的生活"！这是不是一种惩罚？对他所作所为的牵筋连骨的、从肉体到心灵的惩罚！作为父亲，面对女儿的状况，他又能怎么办呢？他没法管得"明白"，却又不忍心丢下她不管。卢里又一次让步了，但他要随时看见女儿。

他另租了房子，白天在贝芙的动物诊所里喂狗食、打扫狗圈、同它们说说话；没事时看看书、打打瞌睡；再不然就抱起露茜的班卓琴，拨弄着为"拜伦的情人"所写的音乐……苦难使他不再缺乏老人所通常具有的安静、善良和耐心。他已经不具备任何"攻击力"，而是安于现状，静静地等待着应该、不应该的事情发生——他只有端着一双手接着的份儿。他已经麻木、平庸，没有了过多的想法。甚至，从前无法忍受的，那时，都已经变得自然而然——面对舔他面颊与之亲昵的残疾小狗，他还是下了手，他不带任何悲悯，平静地说："对，不留他了。"小说戛然而止。

作者译序里有这样一句话："无论你是有意还是无意，只要越界，其代价就可能是这种关系的终结。"卢里与梅拉妮的肌肤之亲是在社会认可的师生关系、长幼关系中的越界；他与妓女索拉娅的交往是道德上的越界；

与女儿露茜交谈时总是先入为主，想把女儿拉回城里去，这是在父女关系上的越界。他的一次次越界，终于使他的种种关系纷纷破碎、终结。

《耻》这个书名，从内容到寓意都具有丰富的层次：一是指道德之耻，卢里的数次风流韵事是他在道德上的堕落；二是指个人之耻，女儿遭强暴和抢劫是个人经受的耻辱；三是指历史之耻，身为殖民者或其后代的白人最终"沦落"到以名誉和身体为代价，在黑人的"庇护"下生存……都从不同角度表明了作者赋予的深切含义。

库切的笔调是震撼人心的。语句无一生涩，而他的思考严肃、警世、发人深省。他不断地用冒号让我们明白他要说的，让我们见证一颗灵魂被掏空的全过程……卢里代表一类人：他的生命慢慢变得空洞，像慢慢被白蚁蛀空，那过程是缓慢的，带来被钝刀割锯一样并不利索的——痛！

一个人的死亡，两个人的葬礼

《独自和解》

[美] 约翰·诺尔斯 著

赵苏苏 译

重庆出版社

　　鲁迅文学院的图书馆里有许多旧书。发现新书，必须经过那些旧书——就像新日子总在旧日子的后面。不过这里所说的"新"，似乎还有另外的解读，即时间意义上的新（出版时间），而并不一定是内容上的新。《独自和解》写于1959年，但与那些上百年前的文字和古旧的版本相比，可以算是两方面都很新的了。

　　每每拿到一本书，我的目光都会先落到作者简历上，然后看译者的推荐或前言，让他们帮我消解一下阅读前的怯意。因为我对一些译作容易犯怵，怕语言障碍、叙述障碍、阅读障碍……怕这怕那，总之是怕路不好走，读起来不顺畅。先看那些，就好像可以把困难解决掉一部分似的。我是个懒人，虽好奇却没耐心。这表现在阅读上，就是难免要先偷看一下"底牌"。

　　当我看到译者序言提到塞林格的《麦田里的守望者》

时（人称作者诺尔斯为"塞林格第二"），我就放心了。这本书一定是一部真挚、纯净、美好的小说。

可以说，这部校园小说用了真正的少年词汇，叙述在第二次世界大战后，逃离虚伪的成人世界、寻找纯洁与真理的学生们的故事。他们正处于认识世界、了解世界的关键年龄——高中阶段，他们正满腔热忱地等待新生活的灿烂来临。

小说中的两个男孩吉恩和菲尼亚斯，都是非常优秀的学生：一个是全班的学习尖子，一个是英俊健美、宅心仁厚、极具人格魅力的体育健将。他们的共同特点是都有一颗报效祖国的可贵的心。他们一边加快文化学习的进度，一边学习急救知识、加强体能训练，希望有机会参战，甚至不惜付出生命的代价。然而，还没有等来参战的资格，菲尼亚斯就已先成了"伤兵"。

有一次，在从树枝上跳入水里的游戏中，吉恩因为极个人的想法和小小的猜疑，使了个小心眼儿。吉恩弯下了膝盖——只是弯了一下膝盖，踩动了树枝，菲尼亚斯就成了一个永远折翅的鹰——他跌倒了，并且断了一条腿！之后，菲尼亚斯离开了校园生活，结束了自己向往与热爱的运动生涯。像一幕终了的剧，在昏淡的光景里，幕布缓缓合上。铃声喧哗，人们转向世俗生活。生活依然如常地进行，但主角已换成别人——至此，我们是遗憾的。一个人的退席是无法预料的，也是无法更改的。但是，他让人惦记。

生活还要继续——吉恩：内疚，参加划艇队，做志愿者去铁路上铲雪，看电影，与夸肯布什吵架……但我能觉出，吉恩是恍惚的。他全部的心思其实还留在菲尼亚斯的病房里。而菲尼亚斯的生活，像病房的白床单一样，干净、清冷而单调。但是，他并没有消失，没有！

虽然菲尼亚斯没有出场，但他的气息还在，一直在，让我没办法忽略。他再次出现，回到学校，大幕再次拉开。我不想再赞赏一名运动健儿，而要赞美一个智慧、善良、宽仁的青年。菲尼亚斯有意回避、极力隐瞒他所知道的伤病起因，他明白事实已然如此确凿，所有的埋怨、指责、苦闷和愤怒都无济于事。这让我心疼！一个十六岁的孩子，面对身体的伤残、美好理想的破灭、对未来生活的茫然，面对忽然而至的阴天和雷电，却有着超人的承受力和通达的淡然。他不仅坦然地独自承担一切，还用顾左右而言他的方式宽慰"错误制造者"。我甚至怀疑，这怎么能是一个孩子已经具备的品质呢？表面上，菲尼亚斯已成为残疾人，但他用他的拐杖和品格撑住了他的形象和精神。

事情还没完。更令人痛心的事还在悄悄地酝酿、静静地发生——又一次的意外事故使菲尼亚斯第二次躺上了手术台。由于骨髓顺着血液流入心脏，这一次，他再也没有坐起来……

看过一个节目，记得参加节目的名人回首往事，谈起对他有恩的一位朋友倏然离去时，他不禁潸然泪下。他说："我的朋友死了，而我却活着。我活着，就是为了怀念……"我想，这句话用在这里再合适不过了，应该是由吉恩独自喃喃地说出来的。因为他一直陷在深深的内疚和自责的泥潭里，不能自拔。

一个游戏"忽然"改变了命运，这庞大的命题和深刻的主旨太不可思议，迅疾得让人转不过弯来。小说以倒叙的方式，从十五年后吉恩自战场归来，在新罕布什尔德文学校、吉尔曼街上的所见写起。可以想见，深藏于他心中的痛苦有多么沉痛，而这种钻心蚀骨的沉痛，谁敢想象还将持续多久？如果是这样，活着的人的心灵将背负怎样的十字架？自省、忏悔、救赎，这些行为与一个壮美的生命相比，真是太轻飘了，没有分量。吉恩唯一能做的，就是与自己越来越沉重的内心，独自和解。

这是诺尔斯的第一部小说，也是他的代表作。小说故事情节简单，用了线性叙事的手法，很好读，但其间又涉及纯净的友谊、爱国情怀、成长的烦恼、青春期的骚动等庞杂的内容。其简约而深邃，字里行间饱含深切的哲思，有几分海明威的味道。

孤独者的归途

《夏先生的故事》

[德] 帕特里克·聚斯金德 著

[法] 桑贝 插图，宋健飞 译

上海译文出版社

买这本书基于两个半原因：一是刚刚在鲁迅文学院听来自北京电影学院的苏牧老师讲电影《香水》，而上课的前一天我恰巧买了帕特里克·聚斯金德的小说《香水》，还未及细细"闻一闻"；二是因为桑贝的插图——他想必是个可爱的法国人，画风充满童真而有趣，有幾米的况味，让我一下子就爱上了；那半个理由，就是想在品小说《香水》之前，先来一道约等于洁手、静心的程序，以便让自己更快进入作者的语境——读好的作品前要做些心理准备，像通过戏剧的楔子中必要的交代，慢慢地进入剧情之中。

这本书来自西单图书大厦，仅仅五万字的篇幅（是个中篇），打过折，花了十八块多。说完这句话，挺没底气——我不禁想起上星期在潘家园听到的对话：

"哟，这么薄还卖这么贵？"买主说。

卖主毫不示弱，振振有词："金子还小呢，不比砖头值钱多了？"

人说，好诗在民间。依我看，好的语言也在民间。

从北京到我的家乡盘锦，坐巴士需要六个小时，而我了解"夏先生"的言行，只用了一个半小时。

的确，夏先生的故事太简单了。从始至终，他只说过一句语焉不详的话。人们甚至不知道他是否真的姓"夏"，是夏教授还是夏博士。不知道他是否有工作，还是曾经有过。更不知道，他提着核桃木拐杖，背着行囊，身披又长又宽且特别僵硬的黑色大氅，光头上扣着红色带穗的线帽，每天风雨无阻、马不停蹄地走向哪里——他不去政府或邮局办事，也没有什么东西要买，他是个令人百思不得其解的"幽闭恐怖症"[1]患者。

小说以第一人称的叙述视角，向人们讲述了一个孩子的童年里发生的几件小事。

第一件小事："我"想飞，所以喜欢上树，喜欢在树上学习、嬉戏、撒尿，甚至约女同学屈克尔曼放学后同路而行的终点，也选在通往下湖村的老山毛榉结实的枝杈上。但是屈克尔曼没有赴约，"我"准备的酸奶、

---

1. 今译为"幽闭恐惧症"。

黑莓汁、饼干、纪念品螺丝刀，都没有派上用场。一个孩子朦胧的友谊、忧伤和伤感，就这样漫开……

第二件小事：在二十二年以来最大的暴雨中，"我"和爸爸遇到了仍在风雨中疾行的夏先生。爸爸软硬兼施地叫喊，企图让夏先生上我们的车。可他摇着头，仿佛鼻子上有一只可恶的苍蝇。夏先生仍然无所畏惧地在暴风雨中穿行。这时，作者通过这个"病人"之口道出了写作的本意："求你们闭闭嘴，别再打搅我行不行！"这正是聚斯金德的心声。他因《香水》一书而拥有上千万马克的收入，但他回到了出生地——德国巴伐利亚州施塔恩贝格湖畔的阿姆巴赫，他童年生活的乐土。他常年隐居在陋室小屋中。每当有新作出版问世，他便提前溜之大吉，躲开媒体的喧扰。他想要的就是"安静的不受任何人打扰"的清静之所。

第三件小事：矮小的"我"，一蹿一蹿地踩着自行车，每个星期三下午三点到四点，去女钢琴老师冯克尔那儿学钢琴。"我"学琴的过程是残酷的，冯老师——那个待字闺中的老姑娘，苛刻、刻薄、尖酸、没耐心、暴躁。这直接导致了"我"的出格行为——找一棵老红松，自杀！

"我"正想报复这个世界，不再在这个世界上苟且偷生，这时，"我"看到了树下的夏先生——他狼吞虎咽地吃掉黄油面包，喝着白铁军用水壶里的水，然后如惊弓之鸟一般一溜烟儿地穿过灌木丛，消失在远方。"我"看到仓促"逃生"似的夏先生时，忽然彻悟："为什么要死呢？真不明白，为什么会有如此愚蠢的念头呢？"

　　第四件小事：再次遇到夏先生，是在五六年后，人们更乐意谈论面粉、土豆或鸡蛋的时候，也是夏先生做布娃娃的妻子离开人世之后。"我"十六岁了，天天在家中看电视，听母亲大声数落"必须做什么""应该做什么""要是不怎么，那就会怎么"……即使与最知心的同学交谈，也不能解除孤寂与无聊。那一天，"我"骑车离开同学米歇尔的家，骑至湖边，车链子掉了，"我"看到了渐渐沉入湖底的夏先生。"我"没有呼救，更没有惊慌。即使听到人们猜测夏先生有可能迷路、出国或掉进峡谷，"我"也没有说出目睹的真相。事实就是如此残酷——还没等寻人启事的报纸发黄，人们就把夏先生忘了。"我"的良心没有受到谴责，也没有负罪感。"我"仍然坚定执着，恪守沉默。因为"我"的耳边常常回响起夏先生那痛苦的叹息，常常看到他雨中颤抖的嘴唇。那句话再次呈现："求你们闭闭嘴，别再打搅我行不行！"

　　小说翻到了最后一页。看得出，作者对孤独、寂寞的人生，赋予极力推崇和赞赏的态度。

"认识"夏先生的过程，刚好是我的 MP3[1] 播放完四十首歌曲的时间长度，也是电池放光剩余电量的长度——我喜欢这样的恰好，让我心满意足。在特定的时段里，我们一心一意共同做着一件事，同时把自己耗完，这不能不说是一种美好而圆满的磨损。其间，我在《花心》的旋律里停了一下；又在 *Seasons in the Sun*（《阳光四季》）那儿，以拇指做书签，闭了眼睛，保持了很长的一段时间。现在想来，那正是无意间的暗合——前者，给我提供了过往生活的回忆；后者，是"西城男孩"唱给爸爸的成长告白。而这些，不正是这篇小说所要传递的吗？

与其说它是一篇小说，不如说它是一段童年写真。可是，这么纯真的"孩子"，我倒要看看他是怎么写出杀人如麻的残忍的——那瓶《香水》，是香奈儿五号，还是兰蔻，抑或是迪奥黑毒，究竟是什么味道？

---

1. 一种能播放音乐文件的硬件设备，可通过数据线连接计算机，导入音频文件，可存储并播放。作者使用的 MP3 播放器是采用电池充电的。

以黑毒之名

《香水》

[德]帕·聚斯金德 著

李清华 译

上海译文出版社

准备好的惊恐、颤抖、哆哆嗦嗦、愤怒，极少派上用场，对于一本以"谋杀犯的故事"为副题的小说，这样的结果始料不及。因此，我信了封面右侧细小却不容忽视的一行字：使你在怦然心动的同时，感受到一种更为凝重的东西。更信了左侧的四个字：译文经典。同时，也印证了——这是"离奇浪漫的情节，神秘邪恶的人物，凄楚恐怖的故事，生动流畅的叙述……一个文坛奇人制作的醇厚的《香水》，他和它，须用心灵而不是鼻子去赏识"。

在我有限的阅读和模糊的印象中，谋杀向来都是和神乎其神、扑朔迷离、陷阱与圈套密不可分的，但这个故事却是单线条的，一根筋，不用在纸上画下树枝一样纵横交错的分杈，也不用七涂八抹地勾出错综复杂的关系网。那些被害的少女像一出戏剧中不太关键的配角，像一阵阵疾驰而过的旋风，都在为那个令人咬碎钢牙的杀人狂魔格雷诺耶的亮相而闪在一旁。全文按照恶魔从生到死的顺序，一路平铺直叙，不离本题，没有倒叙、杂糅，没有内心独白，一心一意地讲述着，"效法的是十九世纪批判现实主义大师巴尔扎克的创作手法"……分明是传统手法表现力的再一次显现。在文中，还有一小段对话用了剧本的格式，让人觉得更有在场感和戏剧的冲突感。它"把侦探小说、消闲小说和艺术珍品融合为一体"，发散着说不清的特别魅力和气息。

　　我准备好的耐性也没用上。本来，我想扳着指头，一个个地数那些被害的少女，她们的容颜、服饰、步态，她们的纤手、秀足、微凹的锁骨、光滑的肩头、小山包儿似的只有那么点儿意思的乳房、小巧可爱的雀斑。可是，没有。只有三言两语，就匆匆地把她们"了断"了。描述1753年9月格雷诺耶第一次掐死一个少女——她正在马雷大街加工黄香李子，仅用了两三行字。即使写他用棍棒敲死最后一个美人，也没花太多的工夫和心思（只有五页篇幅传递着恐怖气氛，像侦探、谋杀之类小说的样子了——而全书长达二百三十五页。对其余二十多个少女的死，只提了概述性的几个字）。

　　格雷诺耶是个传奇人物。他一出世，就被患有痛风、梅毒、轻度肺结核的母亲撂在巴黎最臭的宰鱼摊旁。他婴儿时被乳母憎恨，被丧失嗅觉的看护人加格尔夫人虐待；八岁时被卖给制革匠格里马，像牛马一样干活、度日。他第一次杀害十三四岁的少女，萃取其体香制造香水，而使香水制造商巴尔迪尼重振绩业。后来，他逃开巴尔迪尼的盘剥，徒步到南方去，在荒山里如野人一般穴居了七年。他终究还是被"人间"的气味吸引，来到生产香水的名城格拉斯，在一家香水店当了伙计。其间，他杀害了二十五名具有特殊气味的少女。被捉后，他荒诞地死里逃生，却在返回巴黎后被众人分尸而食。他"像只扁虱那样易于满足，像有抵抗力的细菌那样顽强"。格雷诺耶相貌奇丑，一只脚还有点畸形。他凶恶、残忍，依靠狗一样超人的嗅觉——也像患了狂犬病的狗一样，"收集"少女的体香，但更像一条丧家之犬一样被追打，被处死。

十五六万字的篇幅，聚斯金德说了些什么？我收紧皮肤和心脏，绷紧钢丝般的神经，等待字里行间忽然蹿出来的惊骇——就像在暗夜的荒野中独行，等待横空穿过的一条野狗，或被风声、自己的影子忽然引出的惊吓，四肢无力，瘫软如泥。我不说我没有达到预期的毛骨悚然，但我记得更多的则是——

私生子格雷诺耶因为"没有小孩应有的气味"，因为贪吃，如何让乳母害怕和不满；格雷诺耶如何让圣梅里修道院的长老泰里埃左右为难、不好处置；记得聚斯金德如何点数他的薰衣草、香柠檬、迷迭香；香水制造者巴尔迪尼如何交给他一条粗羊毛毯、一大条香肠、二十五法郎，然后打发他走人；格雷诺耶在康塔尔山上，如何寻找草舍、炊烟、一段篱笆、一座桥梁和一群羊，如何"待在他自己创造的心灵的世界里"；看似疯狂的人们如何将那个时代对罪犯的惩罚，变成盛大的酒神节的狂欢……所有这些，就像格雷诺耶调配香水一样，聚斯金德写得那么细致、耐心、不温不火、兴味盎然。

　　我感觉得出，那些字词是留给嗅觉的，清新而雅致，有着植物的气息。一点儿也不像是在描绘一个残忍、令人发指的非人性的魔鬼行凶的过程，倒令人觉得周遭弥漫着童话的色彩和气流。即使写到主人公出生的宰鱼台，写到他在制革匠格里马那里所囿于其中的肮脏环境，写他吞吃蝾螈、游蛇和地衣、苔藓，也不令读者闻到臭气。奇怪，那时我的嗅觉一直关闭着。但看似欢快的讲述，对"受歧视者和先天不足者丝毫没有感伤"的描写，也许正是"聚斯金德氏"的幽默和讽刺——用另类的方式，反映资本主义剥削的残酷性，流露出他对小人物不自觉的同情。自高自大、残忍、仇视人类，格雷诺耶的结局只能是自食其果。

说来凑巧，在鲁迅文学院的课堂上，苏牧老师给我们带来了《香水》的课件。我依稀记得，叮叮当当的马车带着神秘与风尘远远而来，辚辚驶过，坐在帘栊下的朱颜粉黛的美女一定是参议员里希斯的女儿洛尔，她正满心欢喜地奔驰在去往拉纳普勒的路上。我还记得格雷诺耶像贼一样匆忙躲闪到路旁大树后露出的慌张、贪婪的眼神，记得他性格鲜明、古怪的那张邪恶的脸……

不过，在书中，我并没读到相关段落。我觉得洛尔应该更纯美、更清澈一点儿，像清晨的露珠儿，不该是那么高贵、冰凉、颐指气使的冷艳——那不是少女，而是贵妇。看来，文字与影像的确不同。影像太明确了，文字给人预留的空间则更大些。但是，那几个定格的分镜头，让我嗅出了这瓶"香水"的独特味道，仿佛抽抽鼻子，就能闻到……

救赎之旅

《一日重生》

[美] 米奇·阿尔博姆 著

吴正 译

上海译文出版社

女人多是感性的——它的封面首先吸引了我：树叶
几乎落尽的林梢，顺着风向微微地倾斜，向右，并不十
分夸张，完全是坚持与承受的状态，看不出被动的无奈。
树梢之上，是硕大、浑圆的昏黄落日（我愿意相信那是
落日，而不是冉冉升起的朝阳），落日之上，是一顶旋
转上升的绿色宽檐帽，看样子它应该是上升到最高处，
马上就要沉坠了——像落日一样，沿着固有的轨迹，滑翔。
之后，黑夜降临，岑寂的开始骚动，昏睡的开始苏醒，
沉默的开口说话——

退役棒球运动员查尔斯·贝奈特，在经历了成熟男
人所遇到的种种尴尬之后，已没有了活下去的勇气：事
业触礁、婚姻解体、酗酒成嗜、众叛亲离，连自己的宝
贝女儿成婚都不愿让他露面。他深感生不如死。于是，
为了从苦难中解脱，他全速驾车，疾驰向死亡，可是，

死也不是轻易就能做到的。他自杀两次都没成功，多么令人沮丧！就在他落地并被石头和树枝包围时，意想不到的事情发生了：在恍惚与现实之间，在肉体与精神之间，在此岸与彼岸之间，他见到了八年前离开人世的妈妈！

于是，妈妈给了他修正和改过的"一天"，给了他一个不可思议的重新"起头"的机会。妈妈领着他，来到他们的家乡——椒谷海滩镇。他们在老屋里听爵士乐，坐在餐桌前吃煎饼、炒蛋、金枪鱼色拉、粗粮面包三明治。妈妈用消毒药水和毛巾替他清洗弄脏了的胳膊，看他和妹妹在餐桌上刻下歪歪扭扭的字。他听到妈妈与爸爸离婚前的争吵。妈妈送他上大学那天的点点滴滴重现。他们在老街上走，拜访老邻居。最后，他们还见到了爸爸的另一位妻子……可是，一道强光闪现，妈妈哭着，消失于微茫之中……

这不是鬼故事，一点儿也不恐怖，也不会有稀奇古怪的感觉，带来的只是温暖。还有，伤感。

文中，一会儿是妈妈的信或便条，一会儿是贝奈特的记事本。一会儿是为"我没有为妈妈挺身而出的事情"的检讨，一会儿是"妈妈为我挺身而出的事情"的告白。一会儿是过往，一会儿是现世。我们不必在意哪一处是"真"，哪一处是"假"，那多么幼稚啊！我们只管跟着他们，往前走——

这是如此特别的一天：午夜、早晨、中午、夜晚，与我们经历的每个新鲜而平常的日子一样，但它确实又不是简简单单的一天。也许，我们一辈子也不会有这样的经历——但愿，我们永远也不要有这样的机会，永远不要有这样的自责与忏悔，永远不要有这样的眼泪与撕心裂肺。当我们活着，就坦然地活着，所有的荣耀、幸福、快乐、欢娱、嬉笑，都来吧！麻烦、痛苦、艰辛、倒霉事，愿意来也来吧，只要我们站直了，挺住。或者趴下了，再爬起，都行。只是——不要再沉醉不醒、迷迷糊糊。

如果以倒叙的方法生活，这些快与不快、乐与不乐，都会变得明白晓畅、不值一提。我们轻易就会"成仙得道"，气定神闲。可是，我们的生活是顺叙文，顶多，半路上来几句抒情或夹叙夹议——我们总是边走边报怨：过去是多么令人难忘，回忆是多么甜蜜、美好！而我们前面迢迢的征途又是多么艰难、坎坷。我们站在路桥的半腰——而那桥是悬空的吊索，说不定下面是滔天怒潮，头上乌云翻卷，周遭阴风怒号。这样的人生，怎能让人露出会心的微笑？

书，就担承着这样的使命！它让我们在中途停下来：假设，贫困交加；假设，身陷囹圄；假设，面朝黄土、食不果腹、衣不遮体；假设，趾高气扬、金碧辉煌。假设，我们过的是别人的一生；假设，我们重新出生、重新走向归程……假设，我们的日子如碟片，最大限度地被加密；或者像涂改液，可以适时地加以修改、更正。

"爸爸，我很抱歉你连说一声'再见'的机会都没有。"这是贝奈特的女儿在她奶奶的葬礼上说给贝奈特听的。这个错误太大了，已不能有机会得以勘误、校正。妈妈过七十九岁生日派对时，贝奈特还是个糊涂的人——他给自己的呼机[1]发出信号，谎称"客户要在星期天开会"，必须离席，还像模像样地表现出愤怒和无可奈何的样子。就在他走后，妈妈回卧室找红边框眼镜时跌倒了，心脏病突发，再也没有站起来。当他带着震惊、恐惧和罪恶感急急忙忙地回到家时，妈妈的身体和空气都已经变得冰凉，唯有泪水滚烫……

"妈妈活着的时候，我一而再、再而三地拖着不去看她，陪她。太忙了，太累了，不想面对妈妈。一起去教堂？算了吧。一起吃晚饭？对不起。回家看看？不行，或许下个星期吧。"这是贝奈特说给自己听的吗？不是！

1.呼机，即寻呼机，无线寻呼系统中的被叫用户接收机。可用于接收数字、简单短语消息，也可作为电报、数据网的终端。1948年由美国贝尔实验室研制，20世纪末被广泛应用。现已因移动电话的普及而失去实用价值和市场竞争力，淡出通信舞台。

这正是我们时不时的推托之辞。我们太忙了，忙得来不及倾听，来不及爱。"用一天的时间去听，去爱，去道歉，去原谅，去决定。"似乎，这也很难。

五年后，贝奈特死了，但他要求人们"记着现在的我，而不是以前的我"。的确，那致命的"一日"之后，他把卖掉妈妈房子的钱给了女儿，又搬进女儿家附近的公寓，与女儿改善了关系，他们一起进餐、聊天；他同前妻虽未重修旧好，但也恢复了联系。他去做销售员，在公园和体育场做兼职，还为孩子们组织棒球赛。这样的变化全是因为那非同小可的"一天"。

不是谁都有"重生"的机缘。贝奈特是幸运的，他用自己和妈妈共处的一个日夜终于明白："一个人所有的故事之后，都还藏着一个妈妈的故事，因为妈妈的故事，是所有故事的起点。对于那些我们爱的人，我想补上那些欠他们的情。"

所谓"浪子回头"，就是这样千回百转的情怀？作家毕淑敏在序言中说："它赠与了你一个神奇的机会，书页为斧砍出一条密道，让你从现实的密林潜回以往，你会了结夙愿荡涤脏腑并对这一体验刻骨铭心坚信不疑。这同任何信仰和科学无关，只和我们的心灵和情感有关。"不如说，这"一日"等于百年。几年前，我看过《相约星期二》，但没想到该书作者也就是《一日重生》的作者。作品被牢记而作为写作者本人却被忽略，这也许正是对一位作家的最高礼遇。

童谣中的谋杀案

《捕鼠器》

[英] 阿加莎·克里斯蒂 著

黄昱宁 译

上海译文出版社

这是我近年来看过的第一个剧本，但其上架分类却是"侦探小说"——书的版权页上白纸黑字，的确是这么写的。

找到它很偶然。那天去王府井本来是找莱辛，没到货，却看到了这个胖乎乎的老太太。书的勒口处有她祥和的面容——看得出，年轻时她一定是个超级美人。因为那张照片上她是个不折不扣的美"阿婆"（全世界的人都这么叫她），眉目之间很有明星的派头：嘴角儿微微上翘，目光温暖、深情，镂空衫的领口处还缀以饰物，头发一丝不乱，逆光又使她多了一分神秘和圣洁。她仿佛已洞悉万物，任凭谁、任凭什么，都休想逃脱她的眼睛——但那目光分明又是慈爱的、和善的，有一种说不出的魔力让你融化，让你愿意把自己知道的、有用没用的一丝一缕、一草一芥，啰啰唆唆地和盘托出——虽然你不是罪犯。

可不要小瞧这个阿婆，她就是《尼罗河上的惨案》《东方快车谋杀案》的"操盘手"。据说，除了莎士比亚的著作，她的作品是世界上卖得最好的书。你也许不信，据说在我们生活的这个星球上，每隔七秒钟就有一部她的作品被兑换成英镑、美元、法郎、卢布、马克、人民币……

阿加莎离过一次婚，但很快她就在第二次婚姻中过起了波澜不惊的日常生活。在生活的浩淼洪流中，她靠自身的定力稳稳地立定，没有被"卷走"——没有粉红的"花边儿"新闻，也没有大悲大喜的坎坷遭遇。她就这么一边瞭望花草繁盛的窗外，悠闲地喝着下午茶，一边安排谁谁谁舞枪弄棒、谁谁谁星夜潜行。

想象不出，她一辈子竟在打字机上鼓捣出了八十多个杀人"游戏"。外表的恬静、温婉、宽仁，与呼啸着穿林而过的暗器、破空而来的恐怖阴森的气息，隔着多少光年？但你并不认为她是门外汉、江湖艺人，假模假式假演假唱，一点儿也"不过瘾"。比如在《捕鼠器》里——故事本身并不血腥，不会让你的头皮发麻；也不挑战智力，不会让你云里雾里不知所终。可她会让你心跳加速，让感伤的调子一路牵着你，不肯放手——不！其实是你主动把手给她的，不知不觉之中。

阿加莎一生著作颇丰，它们中有一部分是前者转换成后者的。《捕鼠器》则不同，它是她为书迷量身定制的剧本——这个老书迷身份非同小可，她就是英国女王伊丽莎白二世的祖母。为了庆祝这位祖母王太后的八十寿辰，BBC（英国广播公司 British Broadcasting Corporation 的缩写）特意筹划了一套特别节目作为贺礼，但那个可爱的老祖母像固执的孩子："我只想要阿加莎·克里斯蒂！"于是，阿加莎献上了临时编写的广播剧《三只瞎老鼠》（剧中的背景音乐即是该曲），后来才将其扩充成长达两个半小时的舞台剧。这个魔法无边的阿婆手指轻轻弹拨，又一项吉尼斯世界纪录诞生了——《捕鼠器》成了迄今为止全球连续上演时间最长的剧目。到 2003 年为止，此剧已改换二十名导演、三百二十一名演员（该剧只需八名演员）、一百五十六名替补演员、四十四个国家曾经上演、观众约达一千万人次。

这个剧本只有两幕，是适合用古典戏剧的三一律来展示的典型戏剧，还有点儿像我们常看的室内剧——没有多少人物，道具和布景很简单，演起来很省钱。但情节环环相扣，对演员的演技来说是艰巨的考验。

故事背景是这样的：苏格兰帕丁顿斑鸠街 24 号刚刚发生了一起谋杀案，一名叫莫琳的女人被害。她的丈夫是长岭农场主约翰·斯坦宁。他们夫妇曾"照料"过考里根一家失去父母的三个孩子，由于他们的忽视和令人发指的虐待，其中一个孩子吉米不幸夭折。约翰因此获罪，被判刑并死于狱中；莫琳刑满释放后又被害。这是复仇还是偶然？在案发现场，遗留下一个笔记本，上面写着两个地址：一个是被害人的住地；另一个是群僧井庄园。由此，八个人物出场——

这些人物出场的场景，是新开张的"群僧井庄园旅社"，离伦敦有一个小时的车程。旅社有男主人吉尔斯、女主人莫莉，而入住的客人有：克里斯多弗、鲍伊尔太太、梅特卡夫上校、凯思薇尔小姐、帕拉维奇尼先生。面对忽然发生的谋杀事件，人们惊恐万状，面面相觑，不知如何是好。恰在此时，大雪封门，侦探特洛特巡佐的到来又使空气中多了几分凝重。不久，鲍伊尔太太（后来才知道，她是涉案的地方法官）再次被害，与外界联络的电话线被切断，特洛特的滑雪板也不知去向。事情变得更加扑朔迷离、不可收拾。这也说明，凶手就在旅社里！但谁是凶手？接下来杀人犯暗中钉视的"第三只老鼠"（"三只瞎老鼠"，意味着将有三个人被害）又会是谁？情节的推进不急不缓，但步步进逼。谜团重重，迷雾漫漫。演员和观众都紧张起来。最后，真凶的现身令观众和剧本的读者瞠目结舌，但一切总算归于平寂。一场游戏结束了。恩爱的继续恩爱，怀念的继续怀念……

有意思的是，1952年，该剧的演出节目单上，画着一个地道的鼠夹子，使这部剧有了点儿轻松、抽象的课件的意味。不想，我们纷纷被"阿婆"的这个"鼠夹子"给捉住了。一部好的作品能够吸引人在于它的情节、故事、情感、对话、人物形象等等等等，不一而足。但作为侦探小说，它仅靠一根细若游丝的"发"牵系着随时可被引爆的"定时炸弹"，靠那份悬疑层层推进，并长此以往地吸引观众，绝非易事。"你可以带任何人去看，它并非真正恐怖，也并非确凿的闹剧，但是这些因素，它多少都有一点，也许正因为如此，众多怀着不同期待来的人，都能同时得到满足。"也许因此，阿加莎才成为名副其实的推理小说女王。

迷雾中的城堡

《白色城堡》
[土耳其] 奥尔罕·帕慕克 著
沈志兴 译
上海人民出版社

两个外貌酷似的人，在同一个境况中做着同一件事情，当彼此的底里被岁月之手拨云见日，当二十五年的时光大水汤汤远逝，在绕不过去的人生关口，两种命运发生了神奇的互换，两个男人就此置换了一生。可能，这是一个子虚乌有、不甚了了的玩笑；可能，它是作家望风捉影臆想出来的产物；也可能，它真的尘封于盖布泽县长办公室的"档案室"中。轻轻拂去卷宗上的尘埃，就会清晰地露出它的本来面貌。有心人把它缓慢地取下来，在灯下细致地捧读。于是，一束束微光使它重获新生——它没有被无知的人们一页页撕下来引火，也不至于被当成《古兰经》放在碗橱顶端的神圣位置来供奉，但它开始流传——以另外的方式，像那个永远也无法抵达的白色城堡，被隔山隔水地望见。

这是 2006 年诺贝尔文学奖得主帕慕克的第一部历史

小说,《纽约时报》评论说:"这是一部恰如其分且充满异国情调的作品,它卓越地调和了帕慕克先生认为的太有主见的西方与太过随俗的中东。一瞬间,双方相遇。"

年轻的威尼斯学者"我",在从威尼斯到那不勒斯的航程中不幸被俘,成为土耳其人霍加的奴隶。"我"不想成为穆斯林,到达伊斯坦布尔后就被关进了牢笼。但因为"我"说自己学过天文、数学、工程学、医学,所以"我"有了近距离接近皇室的机会。"我"为帕夏治病,也因此转进了命运交叉的小径,走进了人生花园的"迷宫"。当"我"看见霍加(意为大师)——完全是另一个"我"的翻版,多么惊奇!于是,"我"与他几乎重叠的生活徐徐展开了。

从第二章到第六章,"我"一直不厌其烦地与霍加"耳鬓厮磨"——研制烟火、制作望远镜、重装时钟、坐在同一张桌子前写文章……两人一会儿疏离,一会儿又觉得不能分开,久而久之,甚至比对方更熟悉彼此的生命历程和生活习惯。当"我"深刻地洞察到两人"越来越成为一个人"时,"我"带着自己的存款和从霍加处偷来的钱,于黎明时分偷偷逃离——"我"要远离霍加!远离瘟疫!回到"我"日思夜想的祖国。可是,在暂时栖身的黑贝利岛上,"我"心怀内疚,一心认为霍加一定处于瘟疫之中。当"我"开始谴责自己不该把霍加一个人抛弃于疫病之中的时候，霍加竟然奇迹般地出现在"我"面前——霍加需要"我"，需要"我"的知识，他需要"我"和他一起，共同迎击那场致命的浩劫。

霍加已晋升为皇宫里的占星师，"我"注定跳不出霍加的手心。于是，"我"又回到了原来的生活，与霍加一起，联手对付了瘟疫。在与他共同生活的二十几年中，"我"越来越感觉到"我"就是霍加本人！"母亲已经辞世，妻已嫁作他人妇……回到威尼斯，我又能怎么样呢？"因而从心里，"我"又欣然与霍加站在了一起，共同着手研制一种惊人的武器，用来对抗波兰与其西方盟军的战争。武器在围攻"白色城堡"的时候被派上用场，但是没有达到预期的效果，部队溃不成军。在浓浓的大雾中，霍加和"我"望着远方的白色城堡，各潜情怀。最后，霍加选择了逃离，他代替"我"奔向了想象中的威尼斯。而"我"，作为霍加的替身留了下来，娶妻生子，作为皇室的星相家，在怀念中，安之若素地继续着霍加的生活……

"一群海盗，一位奥斯曼帝国的帕夏，一个东方文明中的占星师，共同演绎了一则东西方认同的寓言。《白色城堡》是一部杰作，不是因为它唤起时代，而是对个人神话的探究，还因为帕慕克以如此简单的故事涵括了这样的深思。"如果说，写作这样一本书体现了一个人操持母语的非凡能力，更不如说，这是一位优秀的作家胸中对祖国的大爱使然。正如莫言所言："先有了伊斯坦布尔这座城市，然后才有了帕慕克的小说。"我们都是大自然的植被，只有深深地、深深地吸附于所寄生的大地，才有旺盛与蓬勃的生命。

我写完上面的文字时，北京霜降后的第一场大雾已经持续了一天，还不肯散去。我担心着明天将奔赴的前途。窗外，不远处，正在上升的楼台，在迷蒙的雾气中，仿若童话中的城堡，深藏不露。

螺旋上升的救赎之路

《巴别塔之犬》

[美] 卡罗琳·帕克丝特 著

何致和 译

南海出版公司

　　巴别塔是什么塔？《圣经·创世纪》说：原来，天下人的口音都是一样的，在迁移的过程中他们拿砖当石头、拿石漆当灰泥，要在示拿地[1]的一片平原上建一座城和一座塔，用以传扬自己的美名。耶和华看到了说，既然他们能做成这样的事，那么以后就没有什么他们做不成的事了。于是，他使他们的口音变乱，让他们彼此不能互通思想，并分散在四处。巴别，就是"变乱"的意思。

　　正是这个"巴别"，让小说多了象牙塔里神秘莫测的气息，多了宗教、悬疑和奇幻的色彩。的确，它像硕大的、长长的、深幽的洞穴，夹带着阴森的冷风和无尽的回旋，越来越深、越来越紧地吸摄着我们。而最终，我们根本不知道那洞穴里到底有什么——是凄然阴鸷的气味、森

1.《圣经》中的地名，在古巴比伦，今伊拉克一带。"示拿"，"狮吼之地"的意思。

森惨惨的白骨，还是昼伏夜出、青面獠牙的鬼魅？稀里糊涂地，我们就被它的神奇魔力吸进去，被封在所罗门的魔瓶里。

突然的一天，一位名叫露西的年轻女人，从晚秋的苹果树上坠地身亡。到底是一次意外事件还是主动的自杀？没人知道。唯一的目击者是她的爱犬罗丽——一头罗德西亚脊背犬。露西的丈夫保罗是语言学家，当他正满心欢喜地沉浸在自己第二次婚姻的幸福中时，巨大的哀伤和困惑骤然降临！想念妻子，却又无从得知她的死因，沉重的打击和锥心的痛楚可想而知。于是，他毅然放弃工作，决定以自己毕生的精力，教罗丽开口说话，以期让它说出事情的真相。

让狗开口说话，这是多么令人匪夷所思的挑战！听起来未免也有几分滑稽、荒唐。但痛彻心扉的思念和苦苦的折磨，让保罗把自己逼上绝路——不管是行为上的，还是情感上的。不用看完，我们也能知道最后的结局。由于物种的原因，狗是无论如何也不会发出人的声音的。但谁又能轻薄一个莫名其妙失去爱妻的人的"过激"行为呢？他在"达成愿望"的路上，发生了什么更为玄妙的事？

当他们彼此热切地期盼（连续一周约会），当他们驱车数百里去迪士尼乐园狂欢，当露西在新粉刷的墙沿上用半透明的釉彩写下"我爱你"的饰纹，当保罗精心而神秘地安排新奥尔良之旅……这时的他们是恋爱中、婚姻中俗常的男女，看不出有特别之处。凡是那个时期的男女应有的贪恋、甜蜜、狂热、游戏、小争吵，他们都有。不同的是，其中还有轻烟一样氤氲着的不可知的悬惑、惊悚的气息——

只剩下骨架的重磅牛排，用书名中的字传递出的宿命，神秘的塔罗牌的暗示，深夜里心理咨询热线的破译，露西头皮上黑色的刺青，罗丽被收养时血流不止的伤口，突兀的一句"忆起我穿白纱的妻子"，全身心地为亡者所做的面具（露西的职业是做面具），残害犬类的地下组织，闹鬼的旅馆，露西从十一岁就开始写下的梦境日记，不想听到关于怀孕的信息……这些细节，如层层推进的波澜，拥向旋涡的中心，加重了可疑的深度；如蚕丝千绕万转，令人窒息。终于，我们原本提着的心又一次次被高悬起来，落不了地。

但我并不把它作为一个悬案来看。正如报摘所说：这是"一个关于回忆、语言、悲伤和赎罪的故事，一次令人心碎的探寻！除了古老的神话、鬼魅的精灵所营造出的奇特氛围，还有心灵的治疗"。我深深地记下了全文最后一句话，那其实也就是作者的主旨："记住她原本的样子，就是我能送给我们彼此的最佳礼物。"

隐约记得一个调查中提到，人的智力和狗有百分之七八十是一样的。这并不是说我们的同类是如何笨拙，也不是仅仅说明狗如何聪明。但在万物灵长之中，作为人真的没什么值得狂妄自大的。我们在大地上吃吃喝喝、娶妻生子、游乐、生病，热热闹闹地折腾。仿佛生活过了，仿佛已然看穿世事和我们自己。其实不然。

我深信，在我们普遍认知的广阔的情感范畴内，仍然存在着不可弥合的两条沟堑：人与动物之间秘而不宣的一部分，人与人之间——即使是最亲近的人，依然无法天衣无缝完美对接的一部分。而我们千辛万苦、日夜不舍，企图与所爱的人春燕衔泥般共建的巴别塔，真的存在吗？

魔术师的蓝色记事本

《神谕之夜》

[美]保罗·奥斯特 著

潘帕 译

译林出版社

　　因为潘帕，因为《芒果街上的小屋》，我毫不犹豫地从书架上取下它——这是2007年秋冬之交，我在北京旷日持久地待了三个多月以来，第一次到三联书店的收获。

　　如果说《芒果街上的小屋》让我看到纯正、天真、美好、不竭的儿童暖梦，看到潘帕干净、精准、温暖的言语和气质，一颗一颗的，像不忍心一下就咬碎、吞掉的水晶水果糖——当然，不完全是甜的，还有咖啡的淡苦、薄荷的清凉——慢慢品尝，并学习并拢双腿双脚，在小膝盖上规矩地放好双手，做一个忽闪着眼睫毛，听说听道、闭紧嘴唇、只会点头的乖小孩，那么这回，我领受了潘帕的神秘、诡谲、圆润、微温——像丝滑细腻的一块美玉，自有它无法猜测的复杂来历，却又让我们尽享它的尊贵与光耀。行文中，虽然时有爽朗、干脆的词语跳出来，转着眼珠儿，调皮地眨动着，但那正是神谕的夜晚所需要的星星的冷峻、神奇的光芒。

小说让我想起俄罗斯套娃，一层一层的埋伏和引诱，极具吸摄力。读者被它掌控着，不由自主地跟随它，直抵深处和细部——

大病初愈的作家希德尼·奥尔，偶然路过中国人张生开的一家文具店，他在店中流连，对店中一个蓝色笔记本发生兴趣并将其买下。奇特而魔幻的笔记本，把他重新带回中止已久的快意写作的状态中。在笔下，他创造了作家尼克·葆恩及其妻伊娃。

一天，尼克收到名叫罗莎的女士送来的手稿《神谕之夜》，该书稿的作者据说是罗莎女士的祖母——差不多已经去世二十年的小说家西尔维娅。尼克爱上了罗莎，无法摆脱欲爱不能的困扰而离家出走，去了陌生的城市堪萨斯。已洞察端倪的伊娃立即冻结了尼克的所有银行卡，使他处于空前的经济困境中，但尼克仍旧不想回家。为了活下去，他只好找到刚到堪萨斯城时遇到的出租车司机爱德。这个古怪的老头儿不再只是出租车司机，而是有"出处"的人——他自己搭建了一座坚固的地下掩体，收集一批所谓的"历史遗产"。尼克留下来给爱德当小工，糊口度日。后来，伊娃从尼克银行卡的支出底单中查到了他的下落，一路追踪而来。当她满街张贴"寻夫启事"时，尼克忘了放好地下掩体的钥匙，不小心把自己锁在防氢弹的地洞里（直到这本小说的结尾，尼克仍被锁着，希德尼也不知道小说如何继续下去，应该怎样让他的主人公尼克从地下室里"出来"。这样设计，是不是暗喻着希德尼的境遇呢？），他无望地望着那些若干年前的华沙电话簿，靠读《神谕之夜》打发荒谬的窘境。同时，在医院里，爱德的生命已走到尽头……

当希德尼的小说被"困"在绝境中时，他的现实生活也出现了真假难辨的境况。在战争中受伤的约翰是希德尼和妻子格蕾丝共同的朋友，他们每隔一周相聚一次。但约翰腿部患有严重的血栓，随时都有生命危险；与此同时，约翰与前妻的儿子雅各布正跟毒贩纠葛；格蕾丝一直温柔贤惠，却突然脾气暴躁……小说与小说中的小说相杂糅，现实与虚构共处。不仅读者分不清小说内外而跟着紧张起来，好像连希德尼自己也不清楚哪个是哪个的过去，哪个是哪个的延续。后来我们才明白，格蕾丝不高兴是因为她知道自己怀孕了，而她并不能确定这个腹中的孩子是希德尼的还是约翰的。她处于初为人母和不知所终的矛盾之中。当格蕾丝终于决定把这个孩子留下时，雅各布却来到她家，以知道底细相威胁，向她索钱。希德尼没有阻止这场灾难。雅各布踢伤了格蕾丝，致使她流产。那一刻，约翰已离开这幕戏剧冲突的高潮，像激烈的战争平息，他安之若素地静静生活；当中央公园里的哀乐追悼约翰时，雅各布已死于两粒愤怒的子弹……一切归于平寂。希德尼面对上天给予他的既定的余生欣然领受，倍加珍视——他向医院走去，不知哭了多久，但他是因为从未有过的高兴，高兴自己还活着。那泪水也是幸福的："超越慰藉，超越痛苦，超越世上一切美和丑。"

"有人揭开生命的盖子，让他朝里看了一眼。"是不以为然？是茫然不知底里？还是惊恐、胆颤，后背冰凉？相信每个人的感受各有不同。

手持这块"蓝色幕布"的美国著名小说家、诗人、导演奥斯特，也没有直接告诉我们他的感受。他像魔术师，利落、飒爽地抖开黑红相间的魔术布，穿着燕尾服，戴着黑礼帽和魔术手套，把这个神奇的盒子盖上、掀开、再盖上、再掀开，用神秘的暗示、悬念、隐喻，故事套故事——即便我们不眨眼地看，也看不穿谜底。过去与现实的边缘模糊着，虚构和现实恍惚、迷离，主流与潜流各自涌动又彼此吐纳，真是酣畅淋漓，过瘾得要命。这本书素洁的靓青色封面，与小说中笔记本的"蓝色"

不谋而合，有意还是无意？如宁静而奇谲的夜，正无声地展开。

亡者的尊严与荣光

《先上讣告 后上天堂》

[美] 玛里琳·约翰逊 著

李克勤 译

新星出版社

这一次，称得上"世界上最有趣的阅读"了。先前还犹豫是否把它看下去，毕竟"讣告"骇人，一想起这两个汉字心头就发紧——因为汉字是有属性、有感情色彩的，这两个字一"生"下来就给人添堵，没办法。

跟随"讣告"而来的是什么？板着的脸孔、黑西装、白衬衫、素色领带、白花与黑纱、低着的头颅、催泪弹似的哀乐、浓艳的花环、亲人扭曲的面容和断线的泪水、死去活来的揪心号啕……话外音像刚刚离去的魂灵，绕着你，在空中飘，"久经考验的，忠诚的……"像一本正经的授奖词。（在我们的经验里，凡死去的人，都是完美的人——死亡使所有的人最后相互和解，并升华了境界。）

给我勇气的还是该书作者，确切地说，是她的微笑——那微笑里，传递出与冰冷的"死亡"毫不相干的晴朗与甜美、自信；还有她的目光，虽算不上媚人，但清澈。这样的相貌让我有胆量和信心——相信她一回！

如果非要再加上其他原因不可的话，那么，作者简介下面的文字也帮了我一把："很多读者以阅读她写的讣告为乐（太玄了吧），并评论说，如果她可以给我写上一段讣告，我即便现在死了似乎也值了（天啊，都疯了吧）。甚至还有人打趣地说：我一定不能让她比我先死，不然就找不到更适合的人给我写讣告了。"溜须拍马的本事真是了得，我先已替"很多读者"难过死了——大约他们真的离大限不远了，不然怎么能说出这么没心肝的"鬼话"？

往下看，我看到了她曾经写过的那几个"死鬼"——当然，我挑了自己"认识"的几个，有：戴安娜王妃、马龙·白兰度、伊丽莎白·泰勒、凯瑟琳·赫本……嗯，我开始怀疑，这小女子到底有如何本事？

好奇比对"死亡"的惧怕更促使我加快了翻阅的速度。"好些年前我就发现，同一个行当里，只要死起人来，总是一连串一连串地死……"这是全文的第一句。噢，还行，并没有想象中的那么可怕，反而还有那么点儿轻松的意思。等我看到第二章——作者应邀参加"第六届杰出讣告作者国际大会"，我发现这个"守灵大会"

像其他政府或民间的各类年会一样隆重、热闹时，就已经觉得有点儿好玩了。

再接着看。一位讣告女作者身患两种淋巴瘤，却开玩笑地说自己是个"淋巴瘤爱好者"，"治疗过程要了老命"。于是，她觉得给那些当医生的写下"尖酸刻薄的讣告过瘾极了，是一种报仇雪恨"。这时，我感觉自己的面部神经松弛了，甚至还忍不住"嘿嘿"干笑了两声。

活动一下腰身，我找个舒服的姿势躺下，心里不免有几分挑剔和挑衅：我倒要看看这个家伙如何捣"鬼"！

且慢，还是先录几段讣告原文吧，如此，你们就会知道这是一本怎样的书了。

比利·卡特，农民，难以管束的加油站老板，1976年，他的兄弟吉米成功当选美国总统，比利也一跃成为全国名人。昨天，他因胰腺癌去世。

珍尼特·施密德日前于维也纳去世，终年八十岁。她是一位职业口哨演奏者，曾与××、××合作演出。出生的时候，她是个男人，曾在希特勒的国防军中服役、参战，后来在开罗一家诊所做了变性手术。

塞尔玛·科克，曼哈顿一家店铺的老板，精于为妇女选择尺寸最合适的胸罩，大多数时候只需洞察秋毫的一瞥，从来用不着拿软尺比量。她由此名动全国。本周星期四，她死于西奈山医疗中心，享年九十四岁，胸罩尺寸34B。

书中，还饶有兴趣地对比了美、英讣告的写法。没想到陈腐的、"让年轻孕妇脸色发白，差点呕吐"的文字、"让护士们一见就害怕"的文体、"让朋友们不怎么愿意上我们家来玩"的职业，竟让她写得风生水起、愉快欢娱。她是不是冷血动物，没心没肺？

美国的讣告是"混血儿"，是介于短篇小说和普通讣告之间的回忆性小品文，它融合了文学、黑色幽默和写作者的个性特色、文化色彩，把成吨的信息浓缩成简明扼要的三言两语。可这寥落数语便刻画出丧者的主要性情、品质和一生中的重大事件。玛里琳说，一般人觉得讣告写作是一潭死水，其实它活跃得吓死人。于是，她用"兼具同情与疏离、敏感与直率"的悲伤速写，引导那些匆匆离去的人"退场"。同时，她还保住了他们的尊严。面对这份"活见鬼"的工作她是热爱的，"给我派活儿的责任编辑是上帝"——这是她的座右铭。她极其珍视这"投向另一个世界的一瞥"。他们是多么特殊的一群人啊——手里提着锤子，拿着钉子，叮叮当当地敲打——为一个刚刚退去温度的人，盖棺定论。

"噩耗传来时，我会高兴得一蹦老高……请原谅我们的喜悦，但我们毕竟是干这个的。"他们的讣告几乎成了"催泪弹"——不是因为悲伤，而是因为捧腹。从中，是不是看出了美国人对死亡和人生的积极态度？

《传道书》[1]中曾说，凡事都有定期，天下万物都有定时。一位国王曾说过，无人有权力掌管生命，将生命留住。也无人有权力掌管死期。这场争战无人能胜。可能，他们信守的就是这样的准则和信条，所以，死对于他们来说，像"生"一样神圣而坦然。

如果把文中的人名和地名换成中国的，可以说，全文没一点儿生涩，更没有冷硬的西餐味道。文字诙谐、优雅而鲜活，不像专门写给细胞不再活跃的身体的。"他加入了永恒唱诗班。她正敲响天堂的大门。他飞上了彩虹。她在描画天堂的珍珠大门……"这种美一定源自圣洁的心灵。在浏览曾经说笑、打闹的这些生命时，我们是否

---

1. 传说为所罗门王所作，属于《圣经·旧约》的一部分。

意识到了人类那些核心价值观的重要内容：荣誉、善良、忠诚、美好？

一个"走了"，会有另一个"到来"，人类基因的链条不就是这样延续的吗？我忽然想起一句戏言：活都不怕，还怕死吗？如果问心无愧，那么，一具碳水化合物构成的肉体的终极，其实并不可怕。由此，我对玛里琳和她的同事们表达深深的敬意。

黑塞的堤契诺时光

《堤契诺之歌》

[德] 赫尔曼·黑塞 著

窦维仪 译

上海译文出版社

　　在苏联电影人塔可夫斯基的著作《时光中的时光》里，塔可夫斯基不厌其烦地提到黑塞若干次，并小学生似的以黑塞的作品《玻璃球游戏》为引文，证明了粉丝与偶像之间的"铁杆"关系。那些语言像颗颗珠子，弹跳性极好，从塔氏的拍摄日记和庸常生活中"亮"出来。于是，在用碳素笔一浪一浪地勾着那些经典名言时，我不禁起了额外的心思——去找他看！

　　在西单图书大厦，我捏着一张潦草的纸片儿小心地麻烦售货员把关键词"游戏"输入电脑查询，立刻跳出一串书名跟在"黑塞"后面。售货员指指我们身后的书架，却语气坚定地给了我一个不抱希望的回答："说不定没有库存呢。"她的话并没使我失望，我照样心中窃喜，脚步轻快。

　　不到两分钟，我就见到了"黑塞"。虽没发现他的"玻璃球"，竟意外找到他的几本小说。左挑右选后，我锁定了《堤契诺之歌》。

这是散文、诗与画的合集，不厚，做得精细，特别是手感和视觉感受都好，是我喜欢的类型。套封也很可心，是黑塞的水彩钢笔画，随性而朴素、温暖。散文、诗、画在书页中交替现身，轮番出场，使眼睛喜悦。

下午课结束时已是5点，我把自己锁在宿舍里，把一摞新书抱出来。当说笑声消失在走廊尽头的电梯间时，我放心地开始翻看"堤契诺"。欢乐因人而异。我喜欢在热闹的时空里，找些可独享的欢乐。起初，我一页页节省地看，像好东西不忍一口吃掉。但堤契诺的森林与流泉从不同的页码向我招手，使我时不时忍不住多翻几页，迫不及待地向后张望——还有什么漂亮风景？

这是怎样的一个世外桃源？怎样的色彩、植物和小生灵的世界？我闻到了潮湿、浓郁、油亮、温润的味道。仿佛，蓊蓊郁郁的森林中一忽儿闪出一朵蘑菇、小束小花，一忽儿现出一只松鼠、小白兔，一忽儿又回旋一两声山雀的鸣叫。在那里，一切事物都充满着生命的光、热和向上的精气神儿，充满高昂的生命力及强烈、不死的意志。雷雨前的一瞬、月圆的一刻、蒙塔娜拉的花园和房舍、山隘、罗卡诺之春、寄自南方的一封信、圣母节堤契诺教堂、暮霭、五月栗林、一株千金草、一丛绣线菊、老公园、葡萄架、豆圃……我无法一一历数它的安谧和四平八稳的踏实。因为它们一律是静悄悄的，不惊扰谁，也不被谁所惊扰。是一种狂风暴雨之后的平静、宁帖、和顺与美妙，与今夜的气氛相依相谐。我继续节俭地翻看，不忍心一下翻到最后一页。

翻看的过程是舒心的享受，没有疲劳和餍足，心是向上的，暖烘烘且伤感，这样的情况在我是不多见的。

二百五十三页，六个半小时，在鲁迅文学院宿舍的斗室之中，我尽享堤契诺的清爽与美丽。如有神助，我已置身于堤契诺繁硕的群星之下、连绵的山岳之巅，沐浴它的清风与晨曦。"在很多方面，诗人是世界上最知足的生物；但在另一些方面，诗人又很苛刻，宁死也不愿放弃某些要求。"也许，在精神领域，堤契诺是个智者，它的波光潋滟、鸟语花香，已让黑塞不安的心灵得以安妥。

成文多在1919至1932年之间，并以前半部分时间居多。那时，中国的文学正经历着重大转型，我记得多的，是鲁迅半文半白别样的叙述。而彼时的黑塞，已操持着清溪般纯美的文字，描绘他同样纯美的出世之境界。

我一直不懂，一个反现代文明、反美的作家（在他眼里，美国就是现代文明的化身），一个经历了第一次世界大战人间炼狱的人，一个经受了内在与外在压力严重挤压的诗人，是怎样转而成为记者、编辑、文化批评者、反战者的？是怎样领受狂飙般的冲击与改变的？他怎样能在如荼的政治风暴与青山秀水之间得到意志和精神的恰切平衡？因为对抗政治人物所标榜的德国，黑塞曾被贴上"叛国贼""吃里扒外"的标签，甚至声名狼藉，斯文扫地。政治和婚姻的双重阴影又令他的生活雪上加霜，三个儿子不得不被寄养在朋友家及孤儿院里。因此，他不得不去接受心理治疗。但最后，让他心理得到医疗的恰恰是堤契诺。自然的伟力是无边的，是堤契诺使他重生——

堤契诺是瑞士南方、靠近意大利边境的一个山间之所，四面山色青青，湖水清澈，森林茂盛，四季分明。"素食、戒酒、阳光、空气"，如此简单、舒服的方式，治疗了黑塞受伤的文学神经。在那里，他过着隐士般的生活，像一些成就斐然者一样，对科技至上的文明观明确排拒。但他又言之凿凿地说："我们讨厌的不是铁路与汽车、金钱与理性，我们讨厌的是遗忘上帝，是心灵的浅薄。我们更明白，真正的生命、真正的真理凌驾于对立的概念之上，例如金钱与信仰、机械与心灵、理性与虔诚。"正因抱持这样的信条，他是坦然无虑的。因此，在生活贫困时期，他的创作却进入了空前的高峰。他曾在八个星期内创作两部长篇小说与最好的诗作，其中还不包括无数的书评、短文和几百幅水彩画。

——堤契诺之于黑塞，就像瓦尔登湖之于梭罗、塔希堤之于高更、梅晓拉之于巴乌斯托夫斯基、桃花源之于陶渊明、普罗旺斯之于都德。这个"新浪漫主义者"在那个近乎童话的国度里，创造出惊世骇俗的"艺术童话"，令人赞佩。"能回到自己喜欢且有意义的工作岗位的人，能陪伴爱人的人，能回到故乡的人，是幸福的。"

而今，当我行至青年与中年转折关口时，读到这段话，我是认同的。就像在这欢腾之夜，我不要喧嚣和浮华。没有派对，没有歌声、笑脸和葡萄美酒，甚至连晚饭都可以简化。我有我喜爱的方式：用浩荡的六个半小时，"品尝"这盘异样丰美、甘之如饴的"大餐"，舒心、受用。黑塞是值得依赖的，默默地，我已把他加入我的书友"白名单"。

陷入时间中的善意与噩梦

《午后四点》

[比利时] 阿梅丽·诺冬 著

胡小跃 译

人民文学出版社

　　我有个不太好的、偏执的习惯——不喜欢读比我年纪小或年纪相仿的外国作家的作品，多年来固执地坚持着。迄今为止，读到最接近我年龄的外国作家是日本的吉本芭娜娜，她比我大四岁。今年春天，我有机会与中国作协外联处的老师陪同日本作家立松和平参观家乡的湿地，与他谈起吉本芭娜娜的长篇小说《哀愁的预感》，赞美之情溢于言表。立松和平却说，日本还有许多好的年轻作家。我只当他是骄傲并谦虚着。如果说，吉本松动了我原有的执拗，那么这本书则彻底改变了我的盲目与无知。

　　《午后四点》的作者诺冬比我大一岁。她的简历中，一堆奖项只能让我的眼睛飞鸿掠水般一扫而过。至于说到她爸爸曾是驻日本大使、驻中国大使，我也没什么特别的感觉，倒觉得她一定沾了"大使"的许多光。当我看到她"六岁来过北京，在三里屯住了两年，并根据那段经历写成了小说《爱情与破坏》，受到读者欢迎"时，我的目光逐渐放平。翻开扉页，开始接纳她——

"每天下午四点，他们唯一的邻居必然准时到来，不说一句话，干坐两个小时后又准时离去……"达利的钟挂在枯枝上、散在地上。就这样，事情不紧不慢地开始了。当我把这八万五千个字一字一字读下去时，我愣住了——我不再相信所谓的经验和经历。如果有一种人叫天才，那么诺冬便是；如果有一种才能叫天赋，那么诺冬便有。在她之前，我孤陋寡闻得好像连比利时的小说都没接触过，更说不出谁的好。但这一本就够了，诺冬让我认识了今日的比利时作家。

这是个情节极简单的故事。希腊语和拉丁语教师埃米尔退休后，与妻子朱丽叶搬到了一个叫莫沃的乡村。那里有林间空地、河水、漂亮而隐蔽的屋子，墙上还攀爬着一棵紫藤。他深信"要活得快乐，就得藏起来"。于是，他们就那么做了。还没等独处的喜悦痛快地释放与享用，他们唯一的邻居——医生贝尔纳丹就前来造访了。他们原以为他此行只是出于礼节性的拜望，可事情并不像他们想象中的那么简单：此后，每天午后四点贝尔纳丹都准时到来。来了之后又不说话，只是枯坐，回答提问时，也不过用电报体的一两个简明扼要的字。干坐两个小时后他就准时离开。日复一日，埃米尔夫妇所期望的平静、安宁的生活，一天都还没开始，就此宣告结束。他们烦不胜烦，却又不知所措——善良的本性让他们不好意思把邻居拒之门外。恰好，埃米尔最钟爱的学生克莱尔前来拜访他们。埃米尔不好直说让贝尔纳丹回避，而贝尔纳丹的表现也使克莱尔疑惑不解，她的匆匆离去则让埃米尔心生愤怒。"竟能容忍这种怪人，难道我真的老态龙钟到让学生看不起的地步？"埃米尔的耐心受到了极大冲击。两个月后，面对一如既往像钟一样按时钉在椅子上的"怪人"，修养极佳的埃米尔忍无可忍，他终于冲着贝尔纳丹歇斯底里地吼出了与他的身份极不相配的那个字——"滚！"果然奏效。埃米尔家那把深陷的椅子上，再也没有了那个黑夜一样沉默的人，再也没了那个与世界有着"深仇大恨"的人。

可是某天的半夜，汽车隆隆的机械声把埃米尔唤醒了。他循声而去，竟发现企图用汽车尾气自杀的"怪人"。贝尔纳丹并没死成。但这意味着埃米尔夫妇的"黑暗日子"还要继续下去，因为他们是慈善的——他们送走急救车中的贝尔纳丹，来到这位邻居家——那是怎样的一个家啊，肮脏、恶臭、怪异、油腻、黑乎乎、阴森森。怪人的妻子贝尔纳黛特如巨大的"囊肿"般陷在合成材料做成的软垫子上，胸脯像热气球一样起伏。他们的屋子里，叮叮当当响着分秒不差的无数个钟表走针的声音……

埃米尔夫妇开始照顾这对病态的夫妻，送吃喝给他们。他们像疣猪和抹香鲸一样吃着、喝着，仍表现出不满、不耐烦，整天皱着眉，像全天下的人都是他们的债农[1]。可是有一天，送去的装着食物的小汤锅却原封未动地被送回来。这让埃米尔夫妇不安，也让埃米尔醒悟："被迫的幸福是一种噩梦。"拯救贝尔纳丹反而会害了他！于是，埃米尔启发贝尔纳丹说："如果你自杀，我不会再拦你。""怪人"冷笑着，活得好好的。六十五岁的埃米尔不得不再次行使他"助人"的"善举"——出于"同情"，在一个深夜，他用枕头堵住了话语本来就不多的贝尔纳丹的嘴巴，终结了"怪人"最后的声音……看来，面对野蛮，文明毫无用处。

像话剧的台词——我惊叹于诺冬笔下睿智、精准、美妙绝伦的人物对话。几乎没有一句多余的话语，而深藏其中的节奏和旋律却环环相扣、步步紧逼。小说有故事性，却又不落俗世窠臼；有文学性，却又不晦涩艰深；

1.依附于封建主的农民，要偿还封建主沉重的债务。

语言犀利，却又不尖酸刻薄。行文中，时而引经据典，时而轻松俏皮。一个极其严肃的命题，常常在嬉笑怒骂中传递出来。可笑与不安、讽刺与宽谅、荒诞与智慧、哲理与日常、无比的残酷与罕见的幽默、山穷水尽与柳暗花明、唇枪舌剑与妙语连珠，像个"坏女孩"（评论界称她为"坏女孩"）的把戏，变幻莫测。我们永远不知道下一段、下一行她将如何让他们吵起来、笑出来，又将把我们引向哪里。

读她的书是艰巨的考验，时时挑战读者的智商和心力。记得看 NBA（美国职业篮球联赛 National Basketball Association 的缩写）实况转播时，每进一个球，解说员都会极具煽动性地大叫："漂亮！"而这个"球"仅用"漂亮"两个字来形容是不够的——同样，这样的小说，是令人不能漏掉一个字，且想看第二遍的那种。

黄昏中，烛光摇曳

《烛烬》

[匈牙利] 马洛伊·山多尔 著

余泽民 译

译林出版社

　　不知怎么定义这本书。还没翻几页，就急急地致电刚刚给我做完访谈的《星星》诗刊编辑黎阳："我推荐的书单要换一个，来得及吗？"

　　他警惕地问："原来推荐的书单有问题？"

　　"没问题，只是我看到一本更好的，叫《烛烬》。"

　　为什么要推荐它？因为这本书让我感到亲切——是对远房亲戚的那种亲切，是恋旧物癖发作带来的那种亲切，是不着边际地胡思乱想时内心的那种亲切。

　　马洛伊·山多尔是20世纪历史的记录者、省思者、孤独的斗士。他一生追求自由、公义，坚持独立、高尚的精神人格。"德国文学批评界说他与茨威格齐名，另有批评家将他与托马斯·曼、穆齐尔、卡夫卡并列，因为他，二十世纪文坛大师被重新排序。"这些汉字我都认得，但脑子怎么一下转不过弯儿来？我又一字一字地读了许多遍，倒吸一口凉气。这样的评价如碑刻、墓志铭，令人动容，心生敬意！他给世界以心血和生命，世界欠他一个怀抱和安慰。

如果不是这本书，如我之孤陋寡闻并不可能知道马洛伊是谁。这个出生于奥匈帝国的贵族后裔运气并不怎么好。他一生贫困交加，流亡四十一年，客死他乡。1989年，当他用最后一口气给终生的困顿、颠沛画上句号，撒手人寰时，我刚刚开始写那些被称为"诗"或"散文"的小东西。不过，这并不是我的错。书中的简介说，整个世界文坛都忽略了他。这是否如张爱玲所言，他把自己低到尘埃里去了？如今，他被誉为文坛巨匠。他困厄的境遇并不是滚滚红尘，没有湮没他五十六部作品和无疆的思想光芒。在他身后，追加给他的"科舒科奖"（匈牙利文学最高荣誉）或许能让活着并爱他的人得到些许宽慰。

这个故事并不复杂，甚至有点儿简单。一个空寂的庄园里，一位七十三岁的老将军亨利克迎来了一位与他同庚的神秘客人、他过去的挚友康拉德。

书不厚，一半的文字在写为迎接客人的到来所做的准备：仆人打扫房间，开窗通风，布置宴席。他们回忆彼此的交往——美好的军校生活、快乐的游玩经历，一同看书、打猎，以及默契的交流……他们分别四十一年零四十三天了。这个时间概念，在薄薄的两百页书中反复出现多次，仿佛四十余年的时光都浓缩成致命的那道闪电，像突如其来的变故，有力，令人猝不及防。

另一多半文字，足有一百三十七页，都是亨利克在讲述。回忆。回忆。回忆。康拉德像个不在场的人，连呼吸都听不到，如果不是偶尔的几个字作为回应的话。

猎手。信使。将军。贵族。奥地利猎枪。英格兰猎刀。绵羊皮。壁炉。宫廷近卫官的法国妻子。马车。银制烛台。晚宴。女佣。家教。燕尾服。帆布皮箱。葱茏的树冠。芳香的阴凉。大海的波涛。维也纳圆舞曲。勃艮第酒……不用说，这些词本身就构成了一座神殿，一个惊心动魄的故事向四面八方伸展……

亨利克，贵族出身，有乳娘，有庄园，他顺其自然地成为将军。（他的乳娘是九十四岁的妮妮，在将军家的庄园里住了七十五年。她在十六岁时生了一个不知其父是谁的孩子后，就被自己做乡村邮递员的父亲赶出了家门，只带着一身衣裳和夹在信封里的一绺死婴头发。）

康拉德，其父是被册封了男爵的官员，其母是波兰人。他的家境如何？需要一副新马具时，三个月内父母都不能吃肉。如果一顿晚餐后给侍者付了小费，接下来的一周内父亲就不能抽雪茄。他们曾经有过一座农庄，他成长过程中所需的一切，都得从那里面变出来：卖掉院子、土地、房子和值钱的玩意。父亲从不旅游，从不买一件多余的衣裳，从不外出避暑，因为他们想把康拉德打造成一件杰作——将他塑造成他们自己在生活中未能成为的那种人。

就这样，十二岁的亨利克和康拉德在军校的栗子树下握手相识。"康拉德永远不会成为真正的军人。"亨利克的父亲对他说，"因为他是一个另类。"

"人们一辈子都在为某件事做着准备。先是积怨。然后想复仇。随后是等待。等了许久之后，已经忘记了何时积下的怨，为什么想复仇。随着时光的流逝，一切还在，但却像模糊褪色了的老照片一样固定在金属板上。"乳娘说，"别盯着太阳看，我的小天使。你会头疼的。"但在那次"致命"的打猎事件发生之前，亨利克怎么也不理解父亲和乳娘的断言。

他俩的一切都是共有的：衣服、内衣、卧室，读同一本书，一起打猎、骑马，同时体验社交生活和爱情。尽管康拉德喜欢有关人类共同生存的历史和社会发展的英文著作，而亨利克喜欢跟马术、旅游有关的读物。他们之所以互相喜欢，是因为他们都宽恕了对方身上带着的原罪：康拉德宽恕了朋友的财富，近卫官的儿子宽恕了康拉德的贫穷。同学们戏称他们为"亨利克两口子"。但他们的关系里有某种柔情、严肃性、无条件性和悲剧性，这种友谊的光芒让嘲讽者自行缴械。

后来，他们渐渐长大，亨利克的妻子克丽丝蒂娜出现了。姑娘是康拉德在学习誊写乐谱时认识的——确切地说，在小城郊区的贫民区里，康拉德向一位老人学习誊写乐谱时，他认识了老人十七岁的女儿克丽丝蒂娜。后来，康拉德把她介绍给了亨利克做妻子。于是，每周都会有几次——康拉德与亨利克、克丽丝蒂娜三人共进晚餐。他们的座位永远是固定的，像他们固定的生活。直到 1899 年 7 月 2 日，那次改变他们共同命运的狩猎。

风吹草动！我忽然想起这个词。那天，他俩在打猎时，亨利克忽然觉得风吹草动中有一股杀气——他的头和麋鹿的头，恰好在同一条水平线上——康拉德不是在打猎，狩猎的猎物——竟然是他！

"为什么要杀我？"亨利克失声叫出来，第六感准确到他脊背冰凉……瞬间，寒气直逼心尖……

亨利克对那个黎明时刻的"遭遇"守口如瓶。他中途放弃打猎，不辞而别，回到城里，直到晚上才回到家。

康拉德呢，他草草收场。第二天，亨利克在上校那里看到了康拉德的信。信中康拉德宣布辞掉军衔，去了热带……这印证了亨利克想象中的事实。

亨利克冲向康拉德的宅院，是有卫兵把守的宅院，那么精致、讲究。"沙发床很大，看得出是你特别定制的。与其说是沙发床，不如说是宽大的法兰西婚床，上面足够躺两个人。"亨利克对着低头听他讲述的康拉德说。

正当他心情复杂地巡视人去屋空的一切时，房门开了，克丽丝蒂娜走进屋里。他俩同时站在神秘、闷热、摆满精美物品的房间里。"这个胆小鬼。"她语调平静，然后像告别一样，环顾、扫视着房间里的一切。

亨利克等着杀她；或说，等着听她坦白真相，原谅她。但直到晚上，她也并无此意。于是，亨利克去了林中的猎屋……之后八年，他都没见克丽丝蒂娜。

"如果她想离婚，我会离婚。可她什么也不想。"亨利克和克丽丝蒂娜就这样生活了八年。"没错。我们住在同一个屋檐下，但我们彼此不再讲话。"直到一天清晨，亨利克接到妮妮的传信："可以回家去了，因为她已经死了。""一个人最终总会用他的整个一生回答那些比较重要的问题。乳娘说，她临死前叫过他……"克丽丝蒂娜何尝不也是受到所爱之人的伤害：一个男人用逃跑伤害了她；另一个则用知道事实后的等待和沉默伤害了她。然而，悲剧的根源何在？

音乐，黎明时分的林中散步，一朵花的颜色和香味，一个人得体贴切、恰如其分的言辞……人和动物，星星和书，她对什么都感兴趣，从不自命不凡——她不是爱上了康拉德，而只是感激。

"你毫无希望，因为你自负。"在秘密的黄色丝绒封面的日记本里，克丽丝蒂娜这样写对亨利克的感受。更多的秘密，他不想知道。

蜡烛的棉芯已经渐渐变黑。亨利克当着康拉德的面，把克丽丝蒂娜的黄丝绒笔记本投进了壁炉的灰烬里。写满秘密的字母、纸和书，慢慢化成了灰烟，黑蝴蝶……连同他们共有的过往和生活……

"只要一个人在地球上还有未竟之事，他就得活着。"最后，他们四目相对，彬彬有礼，无言。弓身。握手。告别。

"蜡烛，"将军说，"你看，蜡烛已经燃成烬了。"风烛残年——是年纪，是心境，也是诠释生命的挽歌。

译者余泽民是作家，我之所以对此书爱不释手，自有马洛伊的文本魅力、思想光芒炫我眼目。当然，余的翻译也功不可没。

荒诞者的欲望之歌

《面包匠的狂欢节》

[澳大利亚] 安德鲁·林赛 著

小二 译

译林出版社

　　澳大利亚的小说我看得很少，何况作者那么年轻，让我心不在焉。这是毛病。我知道，但改不了。不过近来几位志同道合的朋友不时提起这本书，于是我决定买来看看。

　　在豆瓣上，我看到这样的推介：冲破伦理那脆弱的屏障，人类内心的恶魔被彻底地释放，欲望导演的狂欢节会是什么样的盛况？觊觎肉欲的香艳，俯视罪恶的深渊，我们就敢考验自己的信仰？谁敢说自己绝对不是那个面包匠？

　　书的封面如浮世绘，如民间风情画，又有志怪或古罗马神话的况味。有戏。裸女骑着飞鱼，透明玻璃瓶中的断掌，玻璃罩中交欢的男女，怪异的青蛙、蜘蛛、术士、蝙蝠、猫头鹰，交叠的躯体，悬垂的树叶、樱桃……会是什么样的戏？

面包匠吉安尼·特里莫托是一个惊天动地的"巨人"。因为吃了很多黑麦食物，有人说他放的屁是全镇最响的，曾经震开过马厩的大门。这个在愚人节出生的面包匠，为了能在有生之年进入面包匠的名人堂，虽经历无数次失败而无悔，愈挫愈勇。在他五十岁生日那天，吉安尼烤出了一炉"惊天地、泣鬼神"的复活节面包。就是这一炉看似平常的面包，让整个小镇演出了一场闹剧——原来，面包是用被麦角菌感染的面粉、罂粟籽、非洲树液、发酵的蜂蜜酒制成的。那种非洲树液，是一种强力催情剂……

奇异小镇上的面包，欲望与放纵导演的一场狂欢节，为内心的丑恶举杯庆祝。"整个地狱就在画布上铺展开来……或许，还有一小片天堂。"译者在美国达拉斯一家旧书店里看到它时，是封面上的这行字，翻山越岭地成就了它。

不管是在面粉中交欢的男女，还是表演黄蜂舞的独腿女人；甚或是面包匠十三岁早熟的女儿弗朗西斯卡，在猪圈的围墙上那些令人瞠目的涂鸦……那些有名、无名的人物，在奇异小镇巴切赖托走动、吃饭、发呆、谈情说爱，不仅空气中飘着面包味儿，还有欢爱之味儿、人情味儿。这不禁让我想起电影《浓情巧克力》。冰雪纷飞、景色优美、民风保守的法国乡间小镇兰斯克，无法接纳异乡客薇安萝雪与其女儿爱诺，因为她在教堂的对面开了一家名为"天上人间核桃糖"的巧克力店，乡贤贵族对乡民们发出警讯，企图镇压她。但乡民们敌不过薇安萝雪的热情与善良，一点点接近她。

如果说薇安萝雪是贸然的"闯入者"，那么面包匠吉安尼及他的复活节面包则是日常生活中的一次"意外"。不过，正是这次"意外"，从看似色情闹剧里提出一个严肃的问题：怎样处理我们与生俱来的凶残和丑陋？怎样的路是救赎之路？

——没有答案。

有评论家说："其令人惊讶的幽默几乎达到了哲学的高度。"十年磨一剑。作家安德鲁用十年时间打磨出的处女作，真正达到了"含泪微笑"的艺术效果。书的腰封上写道："一出挑战承受力极限的情色剧，揭示人类社会最深的隐忧。"《纽约时报》说：最后，一个愉快开场的故事探讨了原始的恐惧、邪恶、宽恕、《旧约》，以及群体的净化。结果，这便成了一部既欢乐又让人不安的小说。而作者安德鲁说："或许只有承认我们最阴暗的本质，才是不再蒙羞的唯一途径。"

掩卷细思，我想到童年。童年，对一个人的成长和作家的影响是怎样的深远？1955年，安德鲁生于悉尼。他在充满乡野之趣的海边林区长大。毕业后，他当过记者、编剧、导演，参加过"动物研究实验室"，探索雕塑、建筑、音乐与形体之间的联系，还创建了"红色风暴"音乐剧团，专攻融讽刺、情色、幽默于一身的荒诞剧。

安德鲁学生时代住在一个叫巴瑟斯特的乡间小镇。安静无事的周末，他和伙伴们就会跳上一辆车，用三个小时直奔悉尼，开始一场走马观花之旅。有一次，他们吃过妈妈的番茄奶酪意大利面之后，又启程去了新南威尔士艺术画廊。在那儿，他们看到两位来自英国的行为艺术家，随着一首老歌重复着缓慢的舞步，一遍又一遍，那么陶醉。无论走到画廊的哪个角落，歌声和旋律都追随着他……那是安德鲁与"行为艺术"最早的相遇。"那时我还不知道那一天终将成为改变人生，或者定义人生的一天。"

多年以后，它成为这部作品的原动力。像一粒种子，它的萌发是因为那时被种下。

童年时，安德鲁总是坐在地板上盯着祖母的两条腿，极力分辨祖母的哪条腿是木头做的——有一天，祖母站在墙上去摘花，墙塌了，祖母从此少了一条腿。后来，安德鲁的工作室变成了祖母晒太阳的"阳光房"。祖母是不是成了他小说中的"独腿芭蕾舞女演员"？暗中，两者有多少不绝如缕的牵系？

初稿写了三个月时，安德鲁去逛一家墨尔本的书店，发现了一本叫作《梦幻面包》的书，书中记载了有关致幻面包的史实。由于身体孱弱、饥饿、疾病及食物被污染，中世纪欧洲的部分居民，可能生活在一种半恒常的幻觉之中。这本书进一步唤醒了他。

基于童年的记忆及身边发生的事情，杜撰一些情节，比最初的设想还要黑暗得多，但却希望它仍然饱含人间喜剧式的精神、对人性可能性的颂扬。这是不是作者的初衷？

忽然想起，我在贝尔纳·贝尔特朗的《花草物语：催情植物传奇》一书中看到过这样的描述：在古罗马神话里，主司爱与美的女神维纳斯有一条神奇的宝腰带，里面装着施展诱惑及神奇魅力的工具。只要她看中了谁，不管何时她都可以取出使用。不过，女神从不让凡人去碰宝腰带里的利器。为了不让凡人对此感到失望，她赐给凡人一整套爱情工具和春药，其中包含为数众多的催情植物，如：罂粟、大麻、曼德拉草、人参、啤酒花、薄荷、曼陀罗等。那么，对于头上顶着葱花儿味儿、身上罩着汗味儿的俗常人生，是否可以在精神世界里享受一下"面包"的狂欢？这个可以有！

鲲夫尼古拉的『幸福』生活

《乌克兰拖拉机简史》

[英] 玛琳娜·柳薇卡 著

邵文实 译

中信出版社

最早吸引我的，是书名——是关于拖拉机发展史的书吗？又似乎不对。因为，我的朋友圈里多是从事文学艺术类行业或喜爱文学艺术的人，他们不会集体发疯。如果像我想象的那样，这应该是理工男的兴趣范畴。出于好奇，我在当当网上"擒获"了它。这是2017年的事儿。

那之前，我刚刚看完电影《少女小渔》。为了移民，小渔与一个美国老男人假结婚，最后如愿以偿得到绿卡。那是上世纪国人在"自由世界"追求幸福历程的缩影。《少女小渔》是老电影，平白无故怎么想起看它？因为当时正在放映严歌苓的《芳华》嘛——在手机上看完《芳华》后，我打开电脑写下这些文字。

无巧不成书。这台"拖拉机"突突突突开过来了，车上坐着八十四岁的英国鲲夫尼古拉，还有在养老院工作的三十六岁的乌克兰女郎瓦伦蒂娜。他们认识三个月后，他要娶她。后者与"小渔"的想法和动机如出一辙，只是没有小渔的善良和情意。而他要娶她的理由几乎同所有男人一样，因为她有"金色的头发，迷人的眼睛，波提切利式上等的乳房"。实际上，她"高颧骨、大鼻孔、眼距宽……嘴唇上噘，几乎像在讥笑人，唇上涂着浅蜜桃色口红，口红溢出了唇线，似乎在有意夸大双唇的丰满"。她答应这一票婚约还另有一个目的：她十四岁的儿子斯坦尼斯拉夫，要接受良好的教育，"一定得是牛津、剑桥，其他一概不考虑"。

这么说，尼古拉上当受骗了？没有！他心甘情愿给她一千八百英镑，给她几乎全部储蓄；他提前支取了养老金债券、分期付款；他还想把前妻留下的花园以三千英镑的价钱卖给邻居变现，不过未遂……面对高额的跨国电话费、巨额隆胸手术费及她在衣服首饰上的各种"买买买"，他没有愤怒，甚至连生气都没有。他说："女人一漂亮，就能让你原谅她许多事。"

当尼古拉为此花掉所有积蓄，开始向二女儿开口借钱时，这只是为了让瓦伦蒂娜顺着"护照、签证、工作许可，然后再离婚，进而得到他一半的房产"的路数走下去。凡一切有助于自己通往财富之路的事儿，她都一步步引他入圈套——或者准确地说，是他自己主动而为之。

给她买了三台车，虽然没一辆是新的，但对于捉襟见肘的尼古拉来说，已属强行压榨。追其原因，因为他们有"共同语言"：他与她探讨尼采、叔本华的观点，共同欣赏结构主义艺术，厌恶新古典主义。"她是我唯一的救星"，他还为她写了许多诗。

"我"是尼古拉的二女儿——娜杰日达，社会工作者。大"我"十岁的姐姐薇拉一直与"我"不睦，为了母亲去世后的遗产分成两份（姐妹俩一人一份）还是分成三份（"我"有一个女儿安娜；薇拉有两个女儿爱丽丝、亚历山德拉），打得不可开交。甚至因为薇拉戴着妈妈的坠子，而妈妈明明知道"我"更喜欢它，"我"便认为薇拉一定是偷来的。"我"和薇拉在电话里恶语相向，两年素无往来。但为了共同的目标——阻止父亲娶瓦伦蒂娜，两人形成了统一联盟。

一切无济于事。六月一日，父亲和他"滚圆身体几近于肥胖"的新娘，在圣母教堂举行了婚礼。婚礼结束后，他们并没住在一起。"为了儿子上学方便"，他们母子住在她叔叔的朋友鲍勃·特纳那儿。当"我"提出疑义时，父亲还为瓦伦蒂娜辩护："他们的关系是纯洁的。她向我保证过。"

在瓦伦蒂娜那里，父亲不受待见。在女儿们持续的劝阻声中，尼古拉仍下不了最后分手的决心。有一部分页码上的内容，都是他纠结的思想过程。但当他看到瓦伦蒂娜动用了监控器、小型便携式复印机，以便掌握与他交往的第一手资料，甚至还找了辩护律师，为离婚申诉做准备时，尼古拉终于同意离婚。

但瓦伦蒂娜忽然不同意了——除非尼古拉支付两万英镑作为和解费。当"我"和薇拉已经找到律师，让父亲与她离婚时，却怎么也找不到她了——瓦伦蒂娜失踪了！"我"雇了私人侦探，并顺利在帝国饭店发现了瓦伦蒂娜。她在帝国饭店的吧台工作，儿子在洗盘子。帝国饭店的秃子埃德是她的情人吗？不然他为什么亲昵地叫她"瓦儿"？

这时，瓦伦蒂娜的另一个丈夫，理工学院的院长杜波夫趁公干并获准另有几周休假额度的机会，从乌克兰来找他们。"人们是会原谅一个美丽女人的小小夸张的，重要的是原谅一切，而现在是到了让她回家的时候了。"杜波夫的使命是找到妻子，重新向她求婚，赢回她的芳心。

瓦伦蒂娜现身了。所有人都看得出，她并不是发胖，而是怀孕了！开庭在即，代替她出庭陈述的是儿子。瓦伦蒂娜在干什么？她正在医院生小孩——是个小女孩，名叫玛格蕾特卡。

问题来了：谁是孩子的父亲？尼古拉同意女儿们的意见，做亲子鉴定。他甚至欣欣然，觉得那个"肉蛋蛋"理所当然是自己的"苗苗"。瓦伦蒂娜却说，如果不做亲子鉴定，给两千英镑她就同意离婚，而不是先前所说的两万英镑。这个"既挫败又倔强"的尼古拉从承认自己是那个小女孩的父亲到不承认——怎么说呢，简直令人无语了。

意料之外的事情还在发生。面对尴尬，两个"丈夫"忽然和解了。他们在等待的过程中，像相好的两个工程师朋友似的，饶有兴致地谈论乌克兰、哲学、诗歌、工程学。到周末，他们还会下棋。也许杜波夫还会趴到车底盘下面，修理一下破旧的劳斯莱斯，或听尼古拉朗读他正在写的新书。这样的"格局"在"事端"终结后还在持续——在杜波夫一家三口决定开着劳斯莱斯回乌克兰之后，尼古拉告诉"我"，他把他"关于拖拉机刀杆"的第十六项专利，白白送给了杜波夫！他的理由相当充分："也许这东西能重振乌克兰的拖拉机业。"

"我"和薇拉清扫房间，准备把房子投入春季市场。两人处理了旧汽车；给猫找到新家；整理父亲那些钳子、尖刀、录音带、头盔；修剪了花园里最后几枝玫瑰，放到妈妈的坟上。同时，约定把父亲的钱存在共同的账户上。

圣诞节的前一天，当"我"再次见到父亲时，他已住进阳光河岸长者住屋的复合式建筑里，那儿有中年寡妇、管理员贝弗利照顾他。她是瓦伦蒂娜的老年翻版，但更温良、和善。"我"和丈夫迈克去看望父亲，却发现他一丝不挂蹲伏在地板中央、窗户前面的垫子上。他举起双臂，深深地吸一口气，说："我在向太阳敬礼！"

小说中的人物对话犀利、直截；自然描写唯美、清新，麦田、土豆田、油菜、草地、沼泽，读者几乎都能嗅到清苦的气味了。女儿与爸爸的对话是平等的，竟不像父女。关于性等敏感字眼儿，尼古拉寻问女儿"一个八十四岁的男人还能生小孩吗"；至于言谈中的训斥，都是存在于同代人之间的。行文中，甚至还出现了"老畜生"之类的词。父亲当着"我"的面，"把干枯的手抚慰地放在瓦伦蒂娜的胸脯上，并轻轻捏了一下。血涌上我的脑袋"。瓦伦蒂娜与父女们对话也是恶语相向："别跟这个报丧的偷偷摸摸的没奶头的乌鸦说话！""狐狸精！乌鸦！滚出我的家！"他们像互相叮咬着、毛发乱飞的两条狗，虎视眈眈地互相寻找着对方的软肋。对尼古拉，瓦伦蒂娜也是如此，说他"软绵绵软耷耷"，说他是个"活死人"，"又干又瘪的老山羊的臭大粪的烂渣子"……读这样的语言，让人想不开心都难。

还有，在正常的叙述后面，常常还有完全相反的说辞隐在括号里，像话外音，像"双簧"在对话，一会儿尖酸刻薄、咬牙切齿，恨不得拳脚相加；一会儿又像俯下身子哄小孩一样"诱敌深入"——完全是想发力却又无法下手的两难——像灰堆里的豆腐，吹不得、打不得，这使小说更加妙趣横生，意味无穷。

看似一出闹剧，但生活何尝不是闹剧？调侃，诙谐，类似大智慧。他想"拯救"她吗？或许。"假如我能拯救哪怕一个人……""够了，行行好吧！""我"把抹布掷向他。事实上，这本书"拯救"了更多的人。正如书的腰封所言：一个英国家庭的乌克兰往事，以幽默对抗荒诞，令无数读者笑到落泪。当苦难与幽默联系在一起，如粪便，也许会营养、滋生出一株旁逸斜出的壮硕植物。

在正常叙述状态下，还有两条线同时进行：一是父亲的成长史、生命史；二是作为工程师的尼古拉一点点被带入泥沼之中，却随时轻松地说出"你看，爱情就如航空学，一切都取决于平衡"这类话。而且，他完全可以从兵荒马乱的生活中"分身"，如入无人之境，写下专业性极强的书《乌克兰拖拉机简史》。谁能说，这部小说没有双重的意义呢——在战争、饥饿及乱世中，每个人不都是一架战争的机器吗？能够在那个随时可能灰飞烟灭的年代活下来已属奇迹，还哪有时间和精力在乎、计较那台"老机器"是否缺油、少钉、锈死、卡壳呢？

断断续续用两天半时间读完小说，且时常伴着情不自禁的嘻嘻笑、哈哈笑。它是我读过的外国小说中，少有的被我用波浪线从头画到尾的一本。这种阅读的快乐让我想起《先上讣告，后上天堂》。生活就是麻烦，多么痛苦都充满喜感。你必须发现并从中抽离，克服掉人类的琐碎、烦杂、烦忧、欲望……有樱桃树、山楂树、薰衣草、丁香、玫瑰的清香，也有老鼠的臭气、精液的污浊；有新生的喜悦，也有死亡的恐慌。你只有噙着泪或破涕而笑，把饭吃下去才是正理。当我年过半百——哦，其实并没什么可怕——我已修正了对"老人"这个概念的判断。

玛琳娜，英国作家，"二战"结束时出生在德国基尔难民营，父母均为乌克兰人。她在英国长大，写作中始终关注移民的心态、遭遇和处境，五十八岁时开着她具有黑色喜剧风格的"拖拉机"驶入文坛，惊艳亮相，赢得无数读者。

上紧发条的橙子

《发条橙》

[英] 安东尼·伯吉斯 著

王之光 译

译林出版社

亚历克斯、彼得、乔治、丁姆，四个学生。一出场，他们就坐在阴冷、昏暗的奶吧店的店堂里，议论着"今晚究竟要干些什么"。平时，他们都干些什么？虽然是学生，但他们打架斗殴、砸电话亭、撬火车铁轨、偷汽车，对迷药、枪、坐台小姐感兴趣，还时不时扮演正人君子麻痹老人以窃取他们的叶子（钱）。这么说吧，凡街头不良少年干的事儿他们都干过。青春就是这样？是充沛的精力，做荒唐事儿，对性的幻想、渴望与痴迷？他们以此打发无比美好却百无聊赖的时光，挑战年龄、道德的底线。然而，他们如此这般，青春或命运的轨道是否就此弯转？河流的分支是否就此岔开？

可以说，任何背景下，这样的"出离"都是不被许可的。他们胡作非为引发出的，将是毫无悬念的结果。由于一桩命案，主人公亚历克斯，被捕了！接着，当局在他身上进行了一项特殊的"试验"，将他"改造"成只能行善，无力作恶，一有暴力念头就会无比痛苦的人。他丧失了选择善恶的能力，"成为行善的小机器"，感觉自己像被上紧发条的橙子，由上帝、魔鬼或国家任意摆布。

全书分三部分，共七章。每一部分开篇的第一句话都是："下面玩什么花样呢，嗯？"（在行文中，偶尔也会出现这句话。）接下来，每部分由此引领的内容虽不相同，但相同的，是由此拓延开来的诙谐、冷漠、玩世不恭、荒诞的成色。行文中还不时出现"弟兄们啊"这样的称呼，在叙事中这样的"间隔"并没使读者觉得突兀，反而产生在场感，就像作者正面对面向你倾述他们的所见所闻。

第一部分，叙述他们"四人团伙"的种种荒唐事儿；第二部分，为亚历克斯在国监里面际遇的陈述；第三部分，镜头转到两年后，亚历克斯站在国监的大门外，不再是那个被叛十四年徒刑，名字被"6655321"取代的人——他被提前释放出来了。他怀着迎接新生活的热望，兴冲冲地回到家中。可是，在印染厂上班的爸爸，在"国家商场"上班、给货架摆放黄豆汤罐头的妈妈，顿时"呆若木鸡"——请注意，爸爸被他称为"P"，妈妈被他称为"M"——M以为他这个"给家丢脸、坏透了的孩子"

越狱了。P还算仁慈，以为他至少要五六年才能被放回来，说"倒不是我们不高兴见到你"。导致两位亲人对他如此态度的原因还有另外一个：一个叫"乔"的人住进了他从前的房间。当他命令乔快点儿搬走时，P告诉他：乔在他家附近做工，已经与他们签了两年的租房合同，而且下个月的房租也付完了。

家已无容身之处，这不得不让人想起前面的行文中，他多次提到一个叫"家"的小屋，或以"家"为背景，展开故事的种种叙述。

亚历克斯在街头无处可去，如丧家之犬四处游荡，信步来到那家"旋律"唱片店。接着，又去了不远处的国家公共图书馆。一位老人看到他的状态不好，问他："怎么啦，孩子？"他说："我想死。"他来此的本意是从书上找到寻死的办法，却看到那个老人正是从前他曾在街头恶毒攻击过的老学者。与此同时，老学者也认出他。很自然，在安静的图书馆里，老学者反应的动静太大，引得警察来了——警察中，有一个人是他熟悉的，他的宿敌、胖子比利仔。还有一个也是他熟悉的，是丁姆，他们"四人团伙"中的一个——读到这儿，很容易让人想起"警察、小偷是一家"那句话。他们说："我们必须以国家的名义，给一个说法。"在隆冬的黄昏，在乡下，四个警察分别教训了他一遍。"差不多了，哥们儿，你说呢？"亚历克斯被打倒在草地上，他们掸掸袖口，穿戴整齐，回到车上。"后会有期。"比利仔说。丁姆则发出小丑般的哈哈大笑。前哥们儿和前敌人得意洋洋地向他挥手。天开始下雨，他绝望地哭泣。他迫切需要的"家"在哪儿？前面不远处，是一个村落。在一堆房舍中，他看到村尽头一所孤零零的小房子，门上有块门牌，写着"家"。这是作家的家。作家热情地接待了他，给他倒上一杯热气腾腾的提神饮料。他洗了热水澡，吃了面包、炒鸡蛋、火腿片、爆绽香肠。作家听他倾述。"我想我知道你是谁。"

作家正在写一本名叫《发条橙》的书。"这书名颇为傻帽，谁听说过上了发条的甜橙？"接着，"我"以牧师布道般的高亢嗓音朗读了"书"的片断："硬是强迫生机勃勃、善于分泌甜味的人类，挤出最后一轮的橙汁，供给留着胡子的上帝的嘴唇……"而作家热衷的事儿是："我打电话给对此案感兴趣的人，你看，你会成为十分有力的武器，保证在下届大选中，不让邪恶的现政府连任。"这时，"一切为了事业"的三个人按响了门铃，并按照事先的安排，迅速地为亚历克斯重新安置了一个新家——食品柜是满的，睡衣在抽屉里。一觉醒来，亚历克斯一片迷茫。墙上传来响亮狂热的乐章，巨大的虚妄袭来。"再见，再见，愿上帝原谅你们毁掉了一个生命。"他爬上窗台，推开窗子，纵身跃下……然而，他遍体鳞伤，却没有如愿死掉。

后来，有人说他"为自由事业立了大功"，是"罪犯改造计划的受害孩子"，"政府是杀人犯"。内务部长带着报社记者来看望他，面带笑容地告诉他："我们会把一切都安排好的。好工作，高薪水。"部长与他握手，让同来的摄影师拍照。爸爸也来找他："你上了报纸了，儿子。"他们已经同意他搬回家里住。他忽然感到："我真的痊愈了。"

接下来，新的"四人团伙"变成了：亚历克斯、楞恩、里克、布力。场景与开篇时大致相同，他们还是坐在奶吧店的店堂里，还在议论他们感兴趣的种种话题。四个人中亚历克斯的年纪最大了，是老大。"做点儿什么？"在那家茶和咖啡店里，他点了热茶加奶，思考着问题，却见邻座的两个青年竟是他从前的朋友——彼得，与其太太。"人生应该有所为——结婚生子，使世界这枚甜橙在上帝的手中转动起来。"彼得虽然只有十九岁，却已经按照约定俗成的规矩这么做了。

此刻，最早的"四人团伙"中，乔治在与丁姆、彼得到一富豪家入室偷窃时被发现、被误伤，已经死去；丁姆，成了警察；彼得，是国家海上保险公司的职员，正在婚姻中——他的太太乔治娜是打字员，他们有了另外的活动圈子，偶然喝喝红酒，玩玩填词游戏，他们在——过日子。

　　读者随着他的目光看到了时光的流转，也看到了时光带来的生活的变化。他说自己"十八啦，刚刚过了生日"。可不小啦！"青春必须逝去，没错的。"他想到儿子。如果自己有儿子，自己也无法制止他重蹈覆辙，去作奸犯科，"就像上帝本人，用巨手转着一只又脏又臭的甜橙"。当务之急，他想，他要找到某位姑娘来做儿子的母亲。这是一项"新任务"，要着手打开的"新篇章"。读到这里，我不禁惊愕于他迷乱而苍凉的青春，兜兜转转，这么久——他才十八岁！而那些经历，有些人也许一辈子都不曾有过。

　　"失去自由意志，你就成了发条橙，看上去有可爱的色彩和汁水，实际只是玩具，被神秘之手上紧了发条……"文学巨匠震惊世界的奇作，它不是说明书，不是教材，而是用艺术的形式展示的活色生香的生活本身。1962年5月，《发条橙》面世，英国没有一个评论家喜欢它"黏糊糊的空话……肚子空空的腐朽的产物"。美国评论家却说："本书也许看似一本淫秽惊悚的小书，但伯吉斯用英语写了一部珍品——一部哲理小说。主人公的特殊身份——半人半非人。"《时代》周刊说它是"英语文学中的珍品"，本质上是一部黑色喜剧。"在面对邪恶时，喜剧不需要去惩罚或者纠正。它用笑声去腐蚀邪恶。"（马丁·艾米斯）小说设置在一个年代不详的未来，或许已经成为过去，这都不重要。重要的是，它如寓言般的寓意和深意。

当初，为了找到与题目《发条橙》"般配"的故事，作者经历了复杂的过程。他说，这部小说面临的问题完全是文体方面的，20世纪60年代的俚语明显行不通，把它锁在抽屉里去写别的东西吧。于是，他与妻子去了俄国度假。此行"灵光一闪"，他"找到了《发条橙》文体难题的解决办法"，最后他"造出了大约两百个词。书是关于洗脑的，那么最好的书的文字本身就是洗脑的工具"。他与妻子"踏上航线上装备精良的轮船准备向蒂尔伯里进发时，小说已经快完成了"。

作者写得"入迷"，同名电影的导演拍得同样"入戏"。在拍摄中，为了展示主人公亚历克斯自杀未遂的一幕，一部摄像机也被从窗户扔了出去——一千镑的机器，一下子就报废了。

伯吉斯希望被人看作"会写小说的音乐家"，而不是"会作曲的小说家"。他在文中多次提到了莫扎特、门德尔松、贝多芬、巴赫的音乐。书中音乐不仅是情绪的刺激和宣泄，更是一种角色。好作家会调动所有的艺术元素和自身气韵，为他精心营造的气氛服务。它们形成的综合气息和魅力，自然而然决定了小说的独特风格和气质。

马尔克斯的人生独白

《活着为了讲述》

[哥伦比亚] 加西亚·马尔克斯 著

李静 译

南海出版公司

收到书时我曾有过沉吟。三十万字、四百五十页，皇皇巨著啊，像马拉松一样极大地挑战着我的耐力。但像广告所言，"抱着试试看的心理"，不知不觉竟跟随主人公上天入地、走南闯北，随着他开心、难过，气愤地击拳，有时也开心地大笑，并且——你知道，看完之后，这本书明显"厚"了许多——在那些好玩的句子下面，我不停地画波浪线，不停地画，再折页。

"自传"自"我"二十三岁写起，从"妈妈让我陪她去卖房子"开始，一直写到"回到酒店，看见了回信"——马上就要涉及爱情时，却就此打住。像吃甘蔗，东北话讲"吃得甜嘴巴舌"，没了。

这样的书，适合养小病时看，适合天冷时看。如果这两者都具备，那就更有"代入"感了。人在身体虚弱和思想薄弱的时候，特别容易被感动——何况冬天围炉时配上酸酸甜甜的回忆，与夏天吃西瓜、喝酸梅汤有一样的"爽歪歪"的感受。再说，老马的语言平朴、美妙、有趣：当他写青草时，就能嗅到草的清新；当他写苦雨时，就有雨的漫漶水汽笼罩心头；当他写到满地土豆一样的弟弟、妹妹时，就会听到乱七八糟的叫嚷，看到他们制造的满地狼藉……

　　整整一周，我随着他重新经历了他的童年、青少年和部分青年时光。知道他逃过兵役，得过两次淋病，每天抽六十根劣质香烟；知道他在巴兰基亚和卡塔赫纳游荡，为《先驱报》撰写每日专栏，天黑了，像现在的"北漂"随便在哪儿凑合一夜；知道他也曾觉得"前途一抹黑，生活一团糟"；知道他也明了自己"胡须如野草，头发似鸡窝"；知道他也曾怀疑："前行的道路上充满了陷阱、推诿、幻想，更要竭力避开无数的诱惑：似乎我干哪行都行，就是当不了作家。"这下我心里有底了。对这个用百年的孤独无声地轰响世界的人，我好像就在他童年的火车上、青少年的诗歌班上。我看到了他在狭窄的报社办公室里"噼里啪啦"打草袋子那样，补了社论补专栏，"写一篇一米半长的报道"，听到他激情如诗的演说。甚至，他见到中学校长时胆怯得不敢喘气……哦，这一切，仿佛就在眼前。他的呼吸还在萦回，他并没有离开，说不定一转身又风风火火回来说："人总有哭的欲望，我只是替他们找到了借口。"

——是的，他赢了！

我的短板是"不识数"，但在说明具体问题时，数字仍是最直观或说最具杀伤力的武器。为了避免出错，我还是找了一条捷径——"拿来主义"，这样可以高枕无忧。1927 年，老马生于哥伦比亚马格达莱纳海滨小镇阿拉卡塔卡，童年时期与外祖父母一起生活。九岁，他跟随父母迁居苏克雷。二十岁入哥伦比亚国立大学法律系读书，后因战争辍学。二十一岁进入报界，同时开始文学创作。四十岁时《百年孤独》问世。五十五岁获得诺贝尔文学奖。七十五岁出版该书。八十七岁于墨西哥病逝。全书分为八部分，没有前言、后序，也没有谁谁谁的评价、赞美，开门见山，清清爽爽，干干净净，深得我心。

他是长子，3 月 6 日是个星期天，大雨瓢泼代替他向世界发声——因为有人惊慌地喊道："甘蔗酒在哪儿？孩子喘不过气来呀！"是的，这个气息奄奄的孩子就是老马。不过，当时他被命名为：加夫列尔·何塞·德拉康科迪亚。第一个名字是父名；第二个名字用来纪念同名的木匠，他是阿拉卡塔卡的"守护神"，而 3 月正是他的守护月；第三个名字意为亲朋好友之间"和解"。其实，马尔克斯是母姓，其父姓为加西亚。他还是"小马"时，到"祖国之声电台"参加演唱比赛，名字才被叫作加夫列尔·马尔克斯，与现在的名字沾点儿边。

从他起头，妈妈一口气生了十一个孩子，加上爸爸的私生子女，他的爸爸妈妈共有十五个孩子（书上说，他们随便一坐，吃起饭来就像有三十个孩子）、六十五个孙子、八十八个曾孙和十四个玄孙（不知道的还未统计在内）。在这些儿孙的簇拥下，妈妈活了九十七岁，无疾而终。"她去世那天，几乎在同一时辰，我写下了这本回忆录初稿里的最后一个句号。"冥冥中，这样的"恰好"是缘定，还是亲人间的亲密呼应？

回忆由此徐徐展开。妈妈不停地生孩子，他们不停地搬家，生活捉襟见肘。但不妨碍童年成为他美好的回忆。然而，当他回到出生的地方，镇子已不是他幼年的模样，香蕉公司早已一去不复返，美国佬"卷走了一切：钱、十二月的清风、切面包的餐刀、午后三点的惊雷、茉莉花香和爱。只留下灰头土脸的巴旦杏树、耀眼的街道、木头房子、生锈的锌皮屋顶，以及被回忆击垮、沉默寡言的人"。老宅因为有抵押贷款还没结清故而无法卖掉，算来算去，还要倒找给房租客替他们维护房屋的钱，甚至连回程的路费都是他自己出的。不过，他说，与妈妈那次"短暂、单纯的两日之旅对我来说意义重大，纵使长命百岁，埋首笔耕，也无法言尽。如今，我已七十五出头。我知道，那是我作家生涯，即我一生之中最重要的决定"。

高中毕业九个月后，在波哥大[1]《观察家报》文学副刊《周末》上，他发表了第一个短篇小说，四十二天后发表了第二个，接着是第三个。沉寂了六个月后，他写出了第四个。后来，他又写了长篇《家》，讲述家庭传奇。"在写了九个游走于形而上边缘的短篇，却没能掌握体裁要领，正不知如何继续，《石鸻鸟之夜》被全文转载于著名的严肃文学杂志《批评》上。时隔五十年，在写下这段文字前重读旧作，我认为一个标点符号都不用改。在我过得晕头转向、找不着北时，这个短篇预示着冬去春来。"用四个小时写完的小说的命运，坚定了他的文学信念。

在《先驱报》实习时，他仍觉自己"伤感，腼腆，重隐私，对荣誉、金钱、衰老一概不感兴趣，我笃信自己会年纪轻轻地死在街头"。1950 年，他开始在《先驱

---

1. 哥伦比亚共和国的首都。

报》社论版发表文章，写"长颈鹿"专栏和《纪事》周刊。用六个月的专栏稿费，他给家里换了一套家具。那套家具用了五十多年还好好的，妈妈一直不让卖。到《观察家报》时，他已有九百比索[1]的月薪，且开始有人向他约稿。二十七岁生日时，他已穿上"灰蓝色羊毛立领西服，硬领白衬衫，斜纹领带和时尚皮鞋"，感觉"已经准备去生吞下面的七十三年，迎接我人生中第一个百年的到来"了。

掩卷细思，一个作家或一个人，有什么对他的创作或者成长最为有益呢？在老马这里，我看到三点：

一、童年时，如果可能，应有与祖父母、外祖父母共同生活的经历。在他那里，老宅为童年构建了昏黄的背景，回忆的形成便自然而然。外婆是面包师加甜点师，小动物形状的糖果大清早就香气扑鼻。他们还养着鹦鹉，"恐怕有一百岁了"，会喊反抗西班牙的口号。在他出生前十七年，外公、外婆就搬到阿拉卡塔卡了。外公、外婆是模范夫妻：一家之主是男人，管事的却是女人。外公多年来任收税官，主管地方财政。外公向他描述血腥的战场，带他走进悲惨的成人世界，告诉他鸟为什么

---

1. 哥伦比亚共和国的法定货币。

会飞、傍晚为什么会打雷，鼓励他画画。当他在墙上涂鸦，家里的女人们气急败坏时，外公却干脆把手工坊的一面墙刷白，买来彩色铅笔、水彩颜料，让他随便画——外公认为外孙子会成为画家。外公还带他去香蕉公司仓库采购，让他认识了鲷鱼；带他去看电影，让他在饭桌上讲述剧情，不对的地方帮他更正；带他散步，教他认识词典上的书面语。"这本书无所不知，天底下百分之百正确的书，仅此一本。"当爸爸揪着弟弟的头发，用皮带抽打弟弟时，他不仅可以躲到外公的保护伞下，而且从外公那里得到正确的、良好的启蒙教育。

二、母亲为一个人的人格成长奠定基调，正如名言：伟大的母性，引领整个民族上升。他的爸爸百分之百自学成才，是他见过的读书最多、最杂的人。原来爸爸学医并考取了行医执照。爸爸总是不在家，回家时往吊床上一躺，读手边能读的所有文字。爸爸也给他们讲童年的故事，并有极强的音乐天赋。

妈妈永远乐观、通达。没吃、没穿时会抱怨，但也无所谓。在教育孩子方面，既有方法又宽仁。他和弟弟去玩老虎机，弟弟禁不住诱惑，把家里的钱偷走，他替弟弟辩护。妈妈为了保护他们的自尊心却说："你也好，弟弟也好。是我故意放的，知道你们急了会去那里找。"

有一次，她还绝望地咕哝：孩子们没饭吃，不得已去偷，上帝应该原谅。

妈妈成长于香蕉公司的繁荣时期，在学校受过富家小姐般的良好教育，弹钢琴、绣花、参加舞会，直到不顾家人反对，二十岁时坠入情网，嫁给当时只是电报员而后来四处经营药店的爸爸。他们是在为一个孩子守灵时初次见面的。按当地风俗，他们要为死去的孩子唱九夜的情歌。爸爸多情、口才不凡、出口成章，而且舞技高超，清晨听他拉小提琴会潸然泪下。他的多才多艺、平易近人帮他敲开了外公外婆家的大门。他深情地对她说："玫瑰和我的余生，献给您。"《枯枝败叶》《霍乱时期的爱情》里面，都有他们的影子。

妈妈另外两大特点是"健康和幽默"：她一边用高压锅煮青豆，一边柔声细语地控制着整个家庭的秩序，连最偏远的亲戚都能辐射到。即便是爸爸的私生子找来，她也赶紧让他们进门。她的理论是："跟我孩子有血缘关系的人绝不能散在外头。"当妈妈发现老马又去找过去的女人，老马问她怎么知道的，她说："跟上次的味儿一样……幸好她男人死了。""你怎么知道她是谁？""你们的事，上帝自然会告诉我……你们呀，全都跟你爸爸一个德行，上帝保佑，但愿你们跟他一样，做个好丈夫。"

当老马成为记者，去采访一桩凶杀案时，妈妈对他说："妈妈只求你一件事，好好写，当他（死者）是我儿子。"

三、知遇之恩或可改变人的一生。在小学他遇到一个好校长，没有凶神恶煞的脸，允许他把书带回家看，教他言简意赅地回答问题。此前，在到波哥大的船上，他结交到一个奇怪的人，后来才知道那个人在教育部，而他想申请国家奖金奖的事儿就这么成了。这是他遇到的最匪夷所思的巧事和幸事。待他去耶稣会圣若瑟中学上学时，他已有"诗人"之名。他过目成诵，在校刊《青春》上发表打油诗，忙得欢，还培养了伴随一生的爱好：跟学长交流。他还遇到了好的法语老师、英语老师，遇到第一个把他的文稿"批得体无完肤并提出针对性意见的老师"，传授他文学技巧、修辞学等知识。

老马的语言太好了，是不是基于诗歌的训练呢？在国立男子中学时，他就开始写诗了。不过，要么不署名，要么署笔名，他从没想过要在写诗这棵树上吊死，他的志向是讲故事。但谁能说诗歌没有滋养他？他读书广博，文中不时出现福克纳、希梅内斯、聂鲁达、马克·吐温的名字，仿佛他们是他的老熟人。还提到雷马克的《西线无战事》、卡夫卡的《变形记》、纪德《伪币制造者》、海明威《老人与海》，还有《一千零一夜》《金银岛》

《基督山伯爵》……文本内外，搞不清哪个是作家本人，哪个是文学人物。里尔克说："如果您觉得不写也能活，那就别写。"我觉得老马必须写，或者他深知这句话的要义。关于此，他说得更狠："要么写作，要么死去。"你瞧，在本书中，这样的语言、情节随处可见：

他吃得像小鸟一样少。

一架钢琴值五百个鸡蛋。

外婆做了白内障手术，用全新目光扫过房间，历数每件物品，精确到令人发指。医生傻了，只有我能听懂，外婆历数的物品不在病房，而在老宅卧室。有哪些东西，放在哪里，她都记得。外婆的视力此后再也没有恢复。

他们上解剖课要用牛心，可是需要用时却发现牛心不见了。正好有个泥瓦匠摔死了，校医便取了泥瓦匠的心来充数……并告诉厨师那是牛心，于是，中午老师们就有了加菜。菜端上来发现不够吃，又拌上了鲜美的佐料……

没错！文如其人。他说："就算走到绝境，失去耐心，也要永远保有幽默感，热爱生活，这是我们人生最大的财富。"

书中没有写到爱情，只写到他在懵懂、好奇的青少年时光里对性的着迷，坦率、直接。从假期，替爸爸去药店收债，被郊外有客就接的妓女破了身，体内留下的孤独感让他时刻不安开始，一直到本书末尾，给梅塞德斯（女友）写信。他的爱情不是重头戏。"给她写信，只写了五行，正式通知她我去日内瓦出差了，正要落款时，我决定最后加上一句有如正午的一道闪电让我眼前发黑的话：'一个月不回信，我就定居欧洲。'"他把信投进荒凉的蒙特哥贝机场的信筒里，那天是星期五，第二个星期四回到酒店，看见了回信。

像最后一幕剧，他的这段生活已然落幕，看着骤然亮起的剧院灯光，他呆坐在座椅上，失神。"生活不是我们活过的日子，而是我们记住的日子，我们为了讲述而在记忆中重现的日子。"像回旋的话外音。剧场里空无一人，他仍旧呆坐着，心如止水的淡定。与年轻时的怀疑相反，他觉得：有些人天生就是当作家的，这没办法。

无以名状的孤独

《过于喧嚣的孤独》

[捷克] 博胡米尔·赫拉巴尔 著

杨乐云 译

北京十月文艺出版社

　　赫拉巴尔，20世纪捷克最伟大的作家。这位法学博士为自己设计的一生是这样的：四十九岁出版第一部作品，共出版十九部作品集，而后获得国内、国际奖项三十多个。作品多数被改编成话剧和电影，与小说《严密监视的列车》同名的电影于1966年获得奥斯卡最佳外语片奖。根据小说《售屋广告：我已不愿居住的房子》改编的电影《失翼灵雀》获得1990年柏林影展最佳影片金熊奖。1997年2月3日，这位原本即将病愈出院的作家，从医院五楼坠落身亡。彼时，他没有儿女，妻子也去世了，他是自杀还是探身窗外喂鸽子不慎失足，永远是个谜。

　　本书是作者最重要的代表作。正如作者所说："我为它而活着，并为写它推迟了我的死亡。"那么，这本小说为什么令作者心心念念，如此看重？

　　小说诗意地叙述了一个忧伤的故事，它是爱情的忧伤，文化的忧伤。集工人、酒鬼、书迷于一体的诗人叫汉嘉。他在废纸回收站做了三十五年的打包工，没有休息日，每个月要用压力机处理两吨重的书籍。他饮的酒足以灌满一个五十米长的游泳池，不过，他饮酒的目的是为了更好地深入一本书的心脏中去。他把珍贵的图书从废纸堆中拣出来，藏在霍莱肖维采三楼的家里，抱在胸口，像他的谷仓、食粮一般珍视。"他的身上蹲满了文字，俨然一本百科辞典"，又如"一只盛满活水和死水的坛子，稍微侧一侧，许多蛮不错的想法便会流淌出来"。他还狂饮啤酒，"嗑糖果似的嗑着"，"品烈酒似的一小口一小口地呷着"，这种又脏又累的工作对于他来说，是"美丽的词句"构成的 love story（爱情故事）。

他是任劳任怨的劳模，不需要嘉奖。他是表里如一、内外光洁的透明人，白天黑夜与书中的思想活在一起——他的乐观不只是在书里，日常生活中本色即如此。从大学毕业后，他服兵役，做推销员、仓库管理员、炼钢工、废纸回收站打包工、舞台布景工，自己难为自己，自己放逐自己，自己训练自己，为某种他自己也不知道的"远大前程"——他提到了令他感动不已的康德的"星空"和"道德"。

他心悦诚服，觉得"世界上的一切事物，都是在向前迈进之后又向后回归，恰似铁匠的风箱"，所以，他把自己的位置摆得很正，"我看到的这一切意味着我这个行业已进入了一个新纪元"。他没有前朝遗老的期期艾艾，通透、晓畅，什么都可以理解，像个懂事儿的孩子。

中篇的体量，两个半小时读完。从夜里10点多到12点45分。我喜欢这个阅读区间，如果换在白天，是整整一上午；对于安静的夜晚，如果睡眠不来讨扰，如果读的恰好是令人过瘾的书，阅读带来的享受会更持久些。合上小说，我待在沙发上——如同坐在一座孤岛上——外面是干冷的黑夜，新近更换的客厅大灯使已经到来的腊八之夜更加清晰。我细细体味着赫氏"孤独"，似乎能够摸到他黑夜的一角，更能体会他所说的孤独。"有幸孤身独处，虽然我从来并不孤独，我只是独自一人而已，独自生活在稠密的思想之中。"其实，这是一种大孤独，像凡人与智者的合体，哪方面都能厘清。

全文八部分，每部分不论长短，没有分行，一口气下来，急速的节奏，没有休息的间隙。而且，"三十五年来我用压力机处理废纸，再过五年我将退休"这句话，颠三倒四地说了无数遍，是不是暗喻他数十年繁重劳作，根本喘不过气来的下意识的切身感受？没有妻儿，没有朋友，他在肮脏的地窖子里用压力机处理废纸和书籍。

潮湿的地下室，发霉的纸张，臭水沟，泥淖，粪便的气味，血淋淋的屠宰场，密密匝匝的绿头苍蝇，令人窒息般的地狱。家里也好不到哪儿去，贮藏室、杂物间、厕所臭味熏天，老鼠欢蹦乱窜地迎接他……读到这儿，我莫名想起闻一多的《死水》和聚斯金德的《香水》。

关于爱情，舞会上的曼倩卡，缎带上的大粪，五年后挑在滑雪板上的冰鞋上的一团粪便；两个茨冈女人，纸堆里的引诱……而茨冈那个小姑娘的出现，帮助他完成了朦胧而理想的爱情。没有前言后语、没有前因后果，这个不知道姓名的小姑娘，从幻影中来，又到虚无中去，使他嗅到了海藻和水生植物的气味，从而爱上苍茫的黄昏，爱上炉膛中的木柴以及迸出的火星、摇曳的火光，爱上土豆炖马肉香肠的气味。她来无影去无踪，像他给她糊的风筝一样，下落不明，仿佛是被招回的圣子。他不禁感叹："天道不仁慈，但也许有什么东西比这天道更为可贵，那就是同情和爱。"当他再见到曼倩卡时，她已成为最后一个情人——身穿白长裤、白皮鞋的"雕塑家"手中的一尊石像、一个温柔的天使。她活着时供"雕塑家"在花园里观赏，死后作为石像立在墓上镇棺。回到家，喝到酩酊大醉——他憎恨读书，却成为书中描写的人物。这是不是预示着世界的荒谬？

在黑啤酒酿造厂快餐部，他喝着波维茨卡啤酒，心里暗说：伙计，你得自己找乐趣，自己演戏给自己看，直到你离开自己，因为从现在起，你永远只是绕着一个令人沮丧的圆圈儿转，你往前走却意味着回到原处。即使有意穿得漂漂亮亮，也免不了"正踩在一大摊狗屎里"的命运。人体是一只计时的沙漏，上下两个互相衔接的三角形，是不是"虚空与虚空"之间的和谐？

"老子说诞生是退出，死亡是进入。"于是，他将自己打进了废纸包，他乘着那些书籍飞升天堂……这一生，并不比一只小耗子更有价值……当他倒在压力机里，倒在他的地下室里，没人能赶走他，仿佛注定在自己制造的刑具上认识最后的真理。当压板像一把儿童折刀朝他合拢过去，在这真理显现的时刻，茨冈小姑娘出现了，但又消失了，再次出现的是茨冈那两个穿青绿色裙子的女人。"每一件心爱的物品都是天堂里百花园的中心。"

同样，描写舅舅的那一章节，看后亦令人心酸不已。

舅舅在铁路上干了四十年，管理道口的升降杆——类似无人看守道口——后来是看守信号塔的信号员，除了上班没有任何别的事让他高兴。退休后，舅舅不会玩儿了——或者说更会玩儿了。舅舅用存款从边远小站买了一套信号装置，安装到园子里。他的几个当过火车司机的伙伴也退休了，他们从废品站买下小机车、小铁轨、三节平板车皮，铺设了铁轨。每逢周末他们给机车点火，驾驭它行驶，下午让一帮孩子乘上火车玩；傍晚开心地喝啤酒、唱歌，坐在车上或站在火车头上，像尼罗河的河神雕像。他们玩得太"high"了，他们根本没工夫理他。虽然舅舅一直用余光看着他，可他转了一个小时回来，他们还处在游戏的兴奋中，仍然没人理他。离开时，他向远处的舅舅挥手，舅舅回应了，他们像两列行驶中的火车彼此挥手致意。最后舅舅突发脑溢血死在信号塔上，是他为已爬满苍蝇和蛆虫的舅舅收的尸。而那些从前被舅舅搁在铁轨上让火车碾过的铜、铁、锡片，像显赫的标志，成为舅舅永久的"勋章"。

看到这里，我非常感慨。一个人能胜任的，或者说一个人一生受制于什么，是上天注定的。起初你也许还抵挡、排斥，且战且退，最后却可能与之成为朋友，也可能是克星——"用剑者死于剑"。不管它是不是你曾经的短板或软肋。

看得出，赫拉巴尔是个倔老头儿，如果是动物，应该是鹰。你瞧他的眼睛，是雄鹰或者猫头鹰。"我发现，我写作实际上为了所有普通的人，所有我所遇到并彼此倾心交谈的人。""他们善于从眼前生活中找到快乐……

善于幽默，哪怕是黑色幽默来极大地装饰自己的每一天，甚至那些最悲惨的日子。"

赫拉巴尔的文字过于深邃，读起来沉重，而他则像酒馆里坐在你邻桌的熟人，用他纯正的捷克味道，将无数奇特的故事娓娓道来，幽默而富有哲理。魔幻？讽刺？黑色幽默？寓言？象征？幻景与现实的巨大反差，如雷鸣般的飞瀑。文中把这种调调叫作"巴比代尔"，是指"中魔的人""神侃家""快活神"，是指一些生活在"时代垃圾堆上"、极度灰暗之中，却能"透过钻石孔眼"看到生活之美的人。他们会用极致的黑色幽默装饰悲惨的每一天，这是使生活重荷减轻的一种智慧。他在生活的忧伤和幽默中建立起他的美学，在持续的写作中享受着苦涩的幸福。那些世俗人眼中肮脏的东西，反衬出他思想的清明。

童年时，赫拉巴尔当过皮鞋匠的贝宾大伯成为他的精神教父、文学导师。大伯饱经沧桑、风趣幽默，讲不完的故事像魔术师手中的彩绸，不绝如缕。直接的方式，如民间艺人、预言家，揭开生活的里子，让他看到生活内部的纷繁复杂。

现实生活中，赫拉巴尔的确在布拉格的废纸回收站当了四年打包工，也的确生活在一个破旧的贫民区里由废弃的车间改成的大杂院里。他自找苦吃，并深深爱上这个环境和各色人等。后来，赫拉巴尔每天早出晚归，来回四十公里到克拉德诺钢铁厂劳动。他说："只有理解他人，才可能理解自己。生活，在任何地方都要不惜代价参与生活。"因此，随便选择哪种职业他都无所谓。"他们一刻也没有失去生活，没失去对生活的幻想，而我则对他们深深地鞠躬，因为他们常常在笑和哭。"赫拉巴尔酝酿了二十年，才找到第三种讲述的途径：前两稿都被他推翻了。直到现在，我们看到的故事才是最动人的，他自己则被它感动得几乎落泪。作品于1976年写成，1987年，由他自印与读者见面，直到1989年年底，才由捷克斯洛伐克作家出版社出版。捷克作协主席团致信，将他从繁重的体力中解放出来，让他继续进行文学活动，并提供给他文学基金会半年的补助金，使他最终成为自由撰稿人。

到二十岁时，赫拉巴尔还不知道文学是什么。但他后来的确成为一个博览群书的人。他在书中引用了许多知名作家的人名和书名：荷尔德林、席勒、尼采、歌德、黑格尔、塞内加……还把老子和耶稣做对比，讨论人生哲学等等。他本人喜欢老子的《道德经》，书中还特别引用了"知其辱，守其荣，为天下式"的句子。他的文采像波光粼粼的伏尔塔瓦河水，跃动着金光。

赫拉巴尔的魅力不可阻挡。即便他爱独创字词，不按常规使用标点，有的文中出现连小学生也能看出的不合常规的文法错误，个别地方不加修饰、前后重复或上下文不连贯，但他的错误是别人没有的，这是不是也算特点？他妻子说："我丈夫写东西就像我采购的半成品食品一样，回到家还得加工、烧煮，才能变成可口的食物……那些短篇小说，板板结结，就像坏了的牛奶一样。"他也承认："我的风格就是错误百出，可由此而构成我的魅力。"没错！他清楚自己是独一无二的。"这时期，一心只盼着星期六、星期日，从布拉格回到宁城来，最主要的是在这两天，啤酒厂的办公室很安静，我可以用这里的打字机打两天字，写下我从布拉格带回来的第一个句子，然后我伸出十个指头等候生出后面的句子来。"

凭着这股劲头，在仿造回忆的虚构世界中，赫拉巴尔仅用十八天就描绘出"诗歌、哲学、自传的三角形"，离奇又现实，夸张又平凡，平静又撼人，且至今未改一字。

1995年3月，赫拉巴尔写下生命中最后一段话："我跟着天意走，现在就只写着玩儿，写完后就不会再看了。我已经对自己写的东西不感兴趣了。"还少吗？他的十九部作品集涉及诗歌、散文、短中篇小说、谈话录、论文、手稿、札记、书信等等。每一部分都纯正如铁——美国诗人桑德堡有一句话说得好："人最终留下的不过是够做一匣火柴的那点儿磷和充其量也只够造一枚成年人可以用来上吊的蚂蟥氏的那点儿铁。"是这样吧？这本小说的迷人之处还在于：几乎没有完整的故事情节，只是断章似的呈现，像电影中的蒙太奇，却足够迷人。

金牌销售传奇

《我牙齿的故事》

[墨西哥] 瓦莱里娅·路易塞利 著

郑楠 译

上海人民出版社

"我——古斯塔沃·桑切斯·桑切斯，但人们习惯叫我：高速路。我是世界上最棒的拍卖师，口吐莲花。用一个个亦真亦幻的故事，赋予我的收藏品更新的价值，以达到拍卖出好价钱的终极目的。喝完两杯朗姆酒之后，我能模仿珍妮丝·贾普林；能解读中餐馆幸运饼干里的字条；还能像克里斯托弗·哥伦布一样，让一枚鸡蛋立在桌子上不倒；我能用日语数到八；我还会仰泳……"

这段串烧开场白有趣吗？看得出，这是个好玩儿的人。他会给我们带来什么好玩儿的故事？——"这，是一部关于我牙齿的故事：一部关于我的收藏品、它们独有的名字和它们经回收后焕然重生的作品。"

高速路出生在美丽的风城帕丘卡[1]。他丑陋无比，一

---

1. 即帕丘卡 - 德索托（Pachuca de Soto），墨西哥中部工矿业城市。

出生，从头到脚覆盖着一层细密的黑色汗毛。更要命的是，他还长了四颗乳牙！爸爸对此很不爽，自然对他不待见。只有替别人家打扫卫生的妈妈，把他当个宝儿。要爸爸喜欢做什么？从死邻居家搬来椅子，他神情恍惚地坐在上面，一下午一下午地发呆。他偶尔看看天花板上的潮斑，偶尔听听收音机里的教育频道，最喜欢做的事儿就是啃指甲。他用两颗门牙咬住指甲的一角，扯开一个小缺口，再将多余的半圈指甲慢慢撕下来，并把他的战利品含在嘴里很享受地玩一会儿，然后卷成塔可卷"噗"的一下吐向空中——从小拇指开始，一个指头一个指头地啃，啃鸡爪子一样——它们像小陨石，落在他的作业本上。他把它们搓成一堆放在裤兜里，再放到枕头底下的信封里。每天如此，他渐渐收藏了好几信封指甲。

后来，高速路的爸爸死了，转年妈妈也死了。可是，他关注牙齿以及"收藏"的习惯就此养成。他八岁时，他的新牙长得横七竖八，每颗都像扁铲。不过，他的形象与性情却为他赢来了"第一桶金"。他的第一份工作是从鲁文的报亭上获得的。鲁文常年把他的妻子蓝锁在家里。每到上午11点，鲁文就会让高速路带着一串自家的钥匙，"去看看蓝在做什么"。即使他看到蓝正衣不蔽体地与电台教育频道主持人乌纳穆诺翻云覆雨，他也会体面地回答鲁文的询问："她在修补二表姐孩子受洗的衣服。"就这样，高速路成为最大的赢家。每次，高速路在蓝那儿得到一片面包和插着吸管的一袋水；在鲁文那儿会得到一点儿小费。

二十一岁时，高速路成为莫雷洛斯大街果汁厂的保安。除去因该死的龋齿发展成两侧牙根管损坏而休的三天病假、因肝炎而请的六个月病假及其他若干星期的休假，他整整工作了十八年零三个月。在高速路满四十岁那天，厂里一名工人在接待一个快递员时恐慌症突然发作，一时间人们还以为是快递员袭击了这名工人。高速路在客服经理的大吼声中径直冲向"嫌疑犯"并将其制服，接着，他转身抱住了呼吸困难的工人。第二天，高速路就被委以重任——担任企业员工的个人危机监督员。另一名叫胡志明的人接替他做了保安。可是，一个单位能有多少突发事件呢？领导也觉得不能让他闲着，于是派他去学习各种专业课程，他便开启了无所事事、游山玩水的生活。他报了很多学习班，甚至跑遍了美洲大陆。他成为一名"课程收藏家"：急救、焦虑控制管理、营养和膳食、倾听与积极沟通、行政创新、男性研究新说、神经语言规划……像他的名字一样，他被引上了知识的高速公路，求知欲爆棚——他人生的黄金时代，来临了！

然而，事物的规律就是如此。过了宽阔的洋面，生活的激流便开始顺流而下。他在"接触即兴舞"学习班里认识了舞伴小瘦子。在小瘦子的邀请下，他开始赴约去她家。一来二去小瘦子变成了大胖子——她怀孕了。他们结婚了。可是他们并没有"从此过上幸福的生活"。他们只勉强共同生活了两年。小瘦子开始对他横挑鼻子竖挑眼。好吧，送他去大学当旁听生吧。他很乖，选修了古典文学。一天，在文哲系咖啡馆的一张报纸上，他无意间读到某位作家将所有牙齿"更新"了的消息——这戳了他的软肋。不过仅写了一本书，作家如何负担得起昂贵的手术费呢？但转念一想，堵到"心塞"的他心情豁然开朗，他决定好好攒钱。"如果这个无名小辈能换得起整口牙，那我也能做到。"他把那篇报道剪下来塞进钱包，像护身符一样随身带着——他的命运从这一个动作开始，转变了。

　　有一天，他见到了过去的同事狗子，他们开始回忆过往时光。狗子告诉他，接替他的保安胡志明穿上了昂贵的西装，身边也有了颇具姿色的女人，他发迹了！高速路好奇地问其原因。狗子说，胡志明现在是拍卖师了！他如鲠在喉。之后的日子，高速路按照狗子的提示四处寻找小广告，终于找到并偷偷报名参加了一个拍卖师培训班。不到一个月，他辞职了！他如愿地开始专职拍卖汽车。在拍卖艺术入门速成的一个月里，他坚毅、隐忍、有纪律性，得到了日裔师傅俄克拉何马老师的好感，还有一份奖学金。老师告诉他："人生中最重要的事情莫过于找到自己的归宿。"望着微笑的老师，他知道自己的归宿了：我要成为拍卖师；我要挣足够多的钱修牙，像那个作家，尽快把牙修整得焕然一新，这样就可以离开小瘦子去找其他姑娘了，瓦内、瓦尼娅、薇洛，哪个都行。

揣着奖学金，他赴美国密苏里州拍卖师学校深造了两周。学校所学的课程并不像他期待的那样，而只是拍卖牲口。不过，美国之旅让他学到了英语、法语，并构思完善了他的寓言拍卖法。他觉得拍卖师这个行当中存在着一个空缺——无论他多么巧舌如簧，如何善于将实物和买家情感玩于股掌之中，但买家们根本不懂拍卖物背后的故事，或者说在他们眼中这些故事并不重要。而他坚信，他就是那个查缺补漏的人！他给自己的标签为：我，是个故事爱好者和收藏家。

从美国回来他大干了一场，为自己未来的一口好牙铺路。第一件事，在自家举行一场私人拍卖会，将小瘦子的几件旧家具卖掉。用这笔钱添置了新家具，并缴上第一个月房租。那时，小瘦子已经带着儿子悉达多离他而去，他只负责按月寄去孩子的抚养费就可以了。于是，他按照自己的人生规划先后娶了瓦内、瓦尼娅、薇洛，又先后离婚，于是她们只成了他婚姻中的一部分过客。就这样直到前列腺肥大到他根本记不准自己到底和多少女人结了又离。她们就像他经手的珠宝、房产、艺术品、葡萄酒、牲畜、毒品一样，他不停地落槌："成交！成交！"不过，他疯狂地攒到了足以在迈阿密或纽约买下十处房产的钱。他志得意满地想为自己搭个三层小楼，顺便把第四层的钢筋也留出来备用。旁边的地皮上再盖一间酒社，并在两个建筑之间搭起吊桥。哦！美丽新世界就在眼前。

在一个周日，拍卖完三十七辆皮卡后，高速路获得了一大笔支票。他与他的新牙不期而遇——在小哈瓦那的一场拍卖会上，他拍到了玛丽莲·梦露的牙齿！那黄黄的有着缺陷的牙齿是她吸烟所致吗？无论如何，那可是女神的牙齿啊！他找到墨城最棒的牙医，为他种上了这一口新牙，换下了他的十颗旧牙。从手术台下来的几个月，他一直笑得合不拢嘴。

女神与他如影随形，他的好运气又来了。圣阿波罗尼亚教堂的教区神父路易吉·阿玛拉找到了他，让他在下周日即礼拜的日子，为"岁数大、钱多"的老人们举办一次拍卖会，拍卖收入他三成、教堂七成。他欣然前往。我们来看看，高速路的"成功表演"是这样的：

拍卖前，他花了几天时间做准备，琢磨什么样的藏品与教堂的氛围、老年人的身份和喜好相契合。他清点藏品、写笔记，在读到他喜欢的作家苏埃托尼乌斯的《罗马十二帝王传》时，忽然灵光乍现：他换下的那几颗旧牙虽不值钱，但如果像苏氏那样写下十二帝王的动人故事，说不定公鸡都会下蛋。他决定把他喜爱的几位名人的生平与他的旧牙扯上关系。

他打电话说服神父起用这个点子。他说，约翰·列侬的一颗白齿被其女佣悉心保管。女佣后来把这颗白齿送给自己的女儿，这个身为披头士超级粉丝的女儿继续悉心保管那颗白齿，并在五十年后将其卖给欧米伽拍卖行，起拍价为一万六千美元，成交价为三万两千美元！神父被说动了。签了英文合同后，高速路策划的一系列牙齿拍卖开始了：

首先是柏拉图的牙齿。虽然柏拉图不修边幅，但他思想的光芒耀人眼目，一位声称喜欢哲学、喜欢他"一切的一切"的老太太拍到了它。然后，是可能"通往一片开阔无垠不可思议的记忆"的圣奥古斯丁的龋齿，采花大盗、比公羊还要性欲旺盛的弗朗切斯科·彼特拉克的犬牙，"身体语言介于忧愁和愉悦之间"的蒙田的牙齿，虽丑陋但"智慧超群、有孩童般幽默感"的卢梭的牙齿，说话和文字像牛犊子一样结巴的查尔斯·兰姆的牙齿，喜好豪饮牛奶的切斯特顿的牙齿，"死后脸上的笑容照亮整个房间"的伍尔芙的牙齿，在黑暗中通体透明犹如天使的博尔赫斯的牙齿……拍卖令他陷入无法抑制的痴迷，像有人沉迷于游戏、药物、性爱或谎言。最后，他脑子一热，说："我决定，把自己拍卖出去！"

"我出一百比索。"儿子悉达多当即将他买下——进教堂前，他望见了与他长相无异的儿子。儿子忽然降临拍卖现场，对于他意味着什么？但事已至此，无法挽回……

是梦境吗？高速路闭着眼睛，无意间舌尖在上颚缓缓游走——天！自己的牙床空空如也！一颗牙也没有了！在"幽灵之屋"待了一天一夜之后，他想，必须面对现实。他走上大街，刺眼的阳光恍如隔世。他遇到了老朋友塔西佗。塔西佗见他没有牙齿非常震惊。他说应该是儿子把它们偷走了。他借了塔西佗的自行车，去了名为"解释"的小饭馆，在那里他见到了作家兼导游佛拉金。"我为了前者而死，为了后者而活。"佛拉金说他正在写书。他给佛拉金讲类似于斯塔提乌斯谜语的"古斯塔沃环形迂回故事"，佛拉金给他读了一段刚写的文字。他夸赞佛拉金语言柔和、字迹秀气。难道奇迹出现了吗？如果为佛拉金提供食宿，这个人是否可以帮他"夺回尊严"，为他的牙齿"立传"？征得佛拉金的同意，他们回家了。可是，家中全部藏品早已无影无踪！

几天的迷惘之后，高速路参加了治疗互助小组，并去牙科诊所安上了一套新牙。他们从艺术馆偷窃小件物品，他现学现卖，用那些物件背后的故事给佛拉金传授艺术收藏的课程。夜袭艺术馆的事被发现了……有报道称抓到了嫌疑犯。"我终于确定被抓起来的嫌疑犯是悉达多。"

接着，故事转换了语境，佛拉金出场发言了——

在小饭馆认识他之后，他们一见如故。接下来的几个月他们形影不离，直到高速路去世。每天早上，高速路口述故事，佛拉金为他抄录牙齿自传，之后出门散步或骑自行车。过了些日子，高速路的老朋友狗子见到神父，说高速路已经"苟延残喘"了。悉达多这个品质极坏的鼠辈看到了时机，于是，他们达成一致：敛财！因此出现了教堂拍卖会上"谁会出高价买下我"那最后一幕。有人说，高速路的牙是儿子给他灌了迷药，将他拉到牙医那儿拔掉的；有人说，是他醉倒在柏油路上磕丢了。后来，他结识了歌手西列罗，两人情投意合，组成了歌唱组合，创作歌曲，共同经营生意。高速路主持了自己生前的最后一场拍卖会，会后他便死于突发性心脏病，地点是汽车旅馆。去世时，他躺在床上，床头柜上给儿子留了一张便条："如果我给你带去了麻烦、让你进了监狱，那么请原谅我……梦露的牙齿，我给你留在这里了，可不管怎样，它们都是赝品。"狗子遵循高速路的遗愿，将这封信交给悉达多，佛拉金则和狗子将他的骨灰带到风城帕丘卡的安全岛，撒在玻璃纤维恐龙的脚下……

这部关于拍卖师的怪诞传说，在英语国家文学圈里赢得了一片喝彩，却在墨西哥得到诸如"烂笑话""纯闲扯"，将文学经典从原本的文化情景中剥离等种种质疑。但作者路易塞利回应说，去情景化是为了"清空含义和内容"，她想知道，当文学人物走出所属的圣地，和小说人生交织在一起，会产生什么新奇效果。艺术与生活的关系是否会通过文学实验获得新的意义？艺术和生活、文字和图像、虚幻和真实的边界被模糊了，它是一部充满游戏意味的后现代实验小说，"反成长教育小说""反艺术家成长小说"，类似以幽默反讽为特色的"流浪汉小说"。有一则书评说得中肯："风趣十足，又不失哲学思辨，向大家证明了实验性小说不死也不该如死般沉闷。"

作者瓦莱里娅·路易塞利，1983年生于墨西哥的一个外交官家庭，2010年，她的首部作品《假证件》出版，2011年，小说《人群中的面孔》出版，并为她赢得了2014年由《洛杉矶时报》评选的"新人首作奖"，她同年入选为美国国家图书基金会评选的五名三十五岁以下年轻作家之一。2015年出版的这本《我牙齿的故事》也为她斩获多项重要奖项。这让我想起多年前看过的另一本小说《午后四点》，那是比利时作家阿梅丽·诺冬的长篇小说。诺冬的爸爸曾担任过驻日本、驻中国大使，她六岁起曾在北京三里屯住过两年。她们的文字确实都有令人称道之处。姑且不谈意义和思想，单就文本的穿梭往来、语言的鲜润多汁，就够读者垂涎的了。那完全是轰鸣的榨汁机刚刚奉上的浆果的清新，是早春的草莓、盛夏的西瓜，也可能是永远的柠檬。而且，汁液中的味道不是单一的，你永远也辨析不清，像她们忽而嬉笑怒骂、忽而一本正经的精致脸庞，不知会在哪一刻狂风大作、哪一刻艳阳朗照。这也许就是文学、青春之于人的无穷魅力。

东野圭吾的心灵诊所

《解忧杂货店》
[日] 东野圭吾 著
李盈春 译
南海出版公司

　　第一次买东野圭吾的书，是冲着这书名掏的钱，或者说，封面设计也帮上了一点儿忙。你看，靛蓝构建了地板与墙面的底色，明黄、纯白的文字醒目而时尚。如果不是画面上老旧的缝纫机、留声机、黑色拨号电话、老照片、脱漆的水桶、头顶响铃的闹钟……你会以为这是本当下很时髦的书。但"杂货店"三个字配以老旧物件，又让你分明觉得那是从前的事儿了。而"解忧"两个字做了定语，会让人忽然觉得——这里面肯定有戏！并且，文艺，有着近乎离奇的"不可解"。

　　全书分五章：《回答在牛奶箱里》《深夜的口琴声》《在思域车上等到天亮》《听着披头士默祷》《来自天上的祈祷》。起初，它们让我想起幾米的《地下铁》：好比五个人各自过着各自的生活，即使在同一楼宇中生活，共乘同一辆地铁，他们也是不相识的，默片一样。

但因为场景的内部构造、每个人依诉求选择的公共通道是一致的，终将归于一处，最后他们"和解"了，虽然他们并非现了"真身"并热烈拥抱。明暗交错的灯光中，只有"观众"恍然大悟，摸清了底细。

这话说得别扭，像这本书一样。他们之间始终隔着一层"膜"。透明，却彼此不见；而气息和重叠的岁月，是连贯的。小说是这样开头的——

凌晨两点，三个偷了手提包的问题少年，翔太、敦也、幸平，又"顺"了一辆旧车，想找个僻静处销赃。他们想起"杂货店"。杂货店灰尘满面，显然已被废弃多时。他们不安地躲避可能的追踪时，却听到门外有声响传来，接着有一封信从卷帘门上的投递口投进了门前的瓦楞纸箱。可是，屋子里落满灰尘的周刊提示：时间已经是四十年的事儿了。

信是叫"月兔"的人写来的。她是一名击剑运动员，在深爱的患有绝症的男友与难得的参加奥运会比赛的机会之间，左右为难。她忐忑地把信投进卷帘门里，等待回音。等谁的回音呢？能给她指点迷津的人是杂货店店主，七十二岁的浪矢雄治。在僻静的街道上，这家名叫"浪矢"的杂货店，是一栋不大的商住两用民宅。住宅部分是日式建筑，卷帘门上有一个信件投递口，旁边有一间看似仓库兼车库的小屋。只要写下你的烦恼，投进卷帘门的投信口里，第二天就会在店后的牛奶箱里得到答案。当初，浪矢在杂货店的招牌上写过："这里不仅销售杂货，还提供烦恼咨询。无论你挣扎犹豫，还是绝望痛苦，欢迎来信！""浪矢"与"烦恼"的日语读音相似[1]，有调皮的孩子们故意问他："爷爷，咨询烦恼也行吗？"浪矢说："行行，咨询什么都行。"原本只是一句笑话，可人们请教的问题却千奇百怪，甚至带着戏谑的成分。比如："爸爸妈妈整天吵架怎么办？""讨厌学习又想得五分应该怎么办？"请教的问题越来越复杂了。于是，才有了后面的几个故事。

话接上文，看到月兔的信，三个问题少年不想让她失望，就模仿浪矢的口气给她写了回信。令他们惊奇的是，过了一会儿，月兔的信又来了。"这里很长的一段时间，在外界只是短短的一瞬间。"红尘滚滚的四十年过去了，如果老人还活着，应该一百一十多岁了。难道是幽灵在捣鬼？

进入下一章。克郎喜欢音乐，在家乡开鱼店的父亲健夫却希望他能子承父业，接管鱼店。克郎很苦恼，就

---

1. "浪矢"与"烦恼"在日语中的平假名都写作なみや，罗马字发音都是namiya。

写信给"解忧杂货店"。浪矢称克郎为"艺术家先生"，希望他暂时放弃音乐梦想，先把父亲的鱼店接下来。恰在此时，父亲健夫昏倒在鱼市上。父亲已看出他对音乐的执着，并未强求。浪矢也回了信，让克郎继续追逐自己的梦想，"将会有人因为你的歌而得到救赎"。于是，克郎出版了《重生》音乐专辑，全情投入音乐创作之中。他参加了各种音乐比赛、试音、给唱片公司寄试听带、参加街头演出，折腾了许久，但依旧寂寂无闻。

他参加了"丸光园"儿童福利院的慰问演出，见到了遭父母虐待新近入园的小芹、小辰姐弟俩。不想，一场大火因煤气泄漏、静电产生火花而发生，为了从火海中抢救小辰，克郎不幸丧生。若干年后，当小芹成为绝代天才歌手的时候，为人们献上了那首旋律悠扬的《重生》。

第三章，写到浪矢的儿子贵之。这时，贵之已在东京都内的公寓大厦里过上了三口之家的幸福生活：妻子芙美子贤惠，儿子已经十岁。此时，浪矢已近八十岁了。贵之回到老家，此行的目的是要告诉父亲，他们已在三鹰买了二手房，准备接他过去与他们同住。经过思想斗争，一周后浪矢听话地离开杂货店前往东京。但他每天读读书、看看电视、散散步的生活并没持续多久。一天深夜，浪矢突然感到腹部剧痛，不得不住进医院——他得了肝癌，晚期。手术已没意义。医生告诉贵之父亲时日不多了，他想做什么事就让他做吧。就这样，浪矢又回到了老家。贵之送他到家后，父亲递给贵之一封信，拜托贵之在他三十三周年忌日的时候，发布这样的内容："0年0日（此处当然填我的去世日期）凌晨零时零分到黎明这段时间，浪矢杂货店的咨询窗口将会复活。为此，想请教过去曾向杂货店咨询并得到回信的各位：当时的那封回信，对您的人生有何影响？可曾帮上您的忙？希望各位直言相告。如同当时那样，来信请投到店铺卷帘门上的投信口。务必拜托了。"贵之独自苦笑。即便是父亲的遗书，三十多年后他也会忘记的。那时，还不知手机和网络为何物，怎么让那些人知道这个消息呢？

一切皆有可能。2012 年 9 月 13 日，浪矢骏吾用自家的电脑公布了祖父去世的消息，并按照其生前的愿望在 13 日凌晨至黎明这段时间复活了咨询窗口。

第四章，喜爱披头士的和久浩介来看杂货店，在不远处的小酒馆里与店员原口惠理子闲聊，让他的思绪回到了四十年前。那时，做生意的父亲贞幸遇到了生意上的大难，在走投无路的情况下，父亲让浩介立即处理掉他的音响，卖掉他逝去的表哥留给他的心爱的唱片——

那么多唱片卖给同学，只卖了一万日元啊。一天，父亲与母亲纪美子和浩介商量，他们要连夜潜逃。浩介对此心有不甘，便给浪矢写信咨询。浪矢告诉他："潜逃不是好事，如果可能，应当中止。但如果做不到，你只能跟着父母一起走。"带上够他们三个人吃上一两年的现金，在一个深夜零点，他们坐上了一辆白色老旧的大货车。上了高速，约两个小时后，纪美子要去洗手间，贞幸便把车拐进一个叫"富士川"的服务区。浩介和父亲一起去了洗手间。在洗手时父亲说："暂时不会给你零用钱了。"看到浩介惊讶的样子父亲又说："你不是有了一万日元吗？应该足够了。"一瞬间，浩介心中的某根弦断了，他对父母的最后一丝眷恋也没有了。出洗手间，他朝着与停车位置相反的方向跑去……等他回过神儿来，已经到了另一个陌生的停车场。他惊慌间爬上了一辆马上就要开动的大货车……

他醒来时，大货车已到了终点站：东京站。但他无所事事的样子一下子引起警察的注意，他被带到警察局。不管警察怎么询问，他都不肯说出自己的名字和经历。后来，警察不得不把他送到"丸光园"孤儿院，他便以自己随口乱编的名字——"藤川博"开始生活。这一次他回来看杂货店，在小酒馆与原口惠理子的闲聊中，得知她竟然是他同学的妹妹。关于浩介的身世，原口惠理子的哥哥自然也跟她提起过。哥哥对她说："暑假结束后，那个朋友一直没来上学。实际上他和父亲一起连夜潜逃了……大约两天后，父亲让他们吃药熟睡后，杀死了太太和儿子，并把他们从船上推落海里，最后他自己也上吊了……"

第五章，镜头又摇回来，对准了第一章那三个问题少年。他们正遇上从陪酒女郎变为"有公寓和高尔夫会员证"的巨富的晴美，顺便夺下她的名牌手提包。他们来到杂货店准备销赃，可手提包里有一封信——致浪矢杂货店。信上是"迷途的小狗"回答浪矢先生的提问：她决心靠陪酒生活，是老先生"骂"了她一通，把她从"迷途"找了回来，领上正途……逝去的光阴与崭新的时光，在钟表里形成了一个闭合的圆圈。正如三个小偷之一的敦也说："回到那栋房子，把偷来的东西还回去。"时钟它嘀嗒地转动，仿佛什么也没有发生。

这是一个看似"小儿科"的故事，每个章节的叙述与描写并没有多少难度，读起来也顺畅，只是在转折的当口略显突兀。但你能定义它只是个简单的故事吗？人生的启示、生命的真谛、禅意的回环等等都在其中。名为"杂货店"，它却一直没有出售任何具体的东西，只是通过那三个问题少年的眼睛，让读者看到了人去屋空的破败场面：蒙尘的文具、厨房用品、清洁用品，带着岁月的遗迹，像散场的舞台，一片狼藉。杂货店像个虚设的布景，它不负责买卖，倒像一个安谧的"心灵诊所"，有人在里面走来走去，不停地讲着自己的故事，以期取得破解迷途的"真经"。虽然看不到两个人面对面互相倾听的场景——倾述与倾听，完全像两个时空的人，互不干扰。但他们却能够穿越一切阻障，毫不费力地瞬间"对接"，共同"生活"在一件事情当中——悲戚是共同的悲戚，开怀也是共同的开怀。通过一件件具体、难缠的事儿，他们像"透明人"一样，情感早已融为一体。特别令人称道的是，浪矢像一个寓言人物，是智慧的化身，是先知，他用自己的人生阅历、生命经验，为一个个处于忧患之中的人排忧解难。虽然他们各自的苦恼、痛苦像杂货店里的杂物一样不尽相同，但他都能够做到分门别类地阐述，开出不同的"药方"，像铁匠淬火、煅打那样，把生活重压之下就要弯曲变形的一个个人百炼成"钢"。

小说像闭合完好的圆圈结构，但它不受时空的限制，又随时跳脱出来，多了一份神秘莫测，令人疑惑，因猜不到"谜底"而更加神往。不过接着，又会有心悦诚服的莞尔一笑。这大约就是东野圭吾的魅力所在吧。

阿嬷是个『狼外婆』

《佐贺的超级阿嬷》

[日] 岛田洋七 著

陈宝莲 译

南海出版公司

本名德永昭广，日本喜剧泰斗，作家。因师从漫才（相声）大师岛田洋之助而改名：岛田洋七。2001年，德永昭广开始写下关于阿嬷的系列书籍。他说，那是四十多年前的事情了。而我读到它时，已是故事发生将近六十年后了。

外婆名叫纱乃，生于1900年，九十一岁去世，几乎与20世纪同时存在。1942年，外公于战争时期去世，之后，外婆就在佐贺大学、附属中学、小学担任清洁工，负责学校教职员工的办公室、厕所的清洁工作，一直干到她七十八岁。她要独自抚养两男五女（包括有智力障碍的幼子小新）。广岛原子弹爆炸后，昭广一家到在佐贺的外婆家避难。一周后，昭广的父亲担心家里情况，要"回广岛看看"，却因不幸遭到残留的大量核辐射尘而匆匆过世。昭广成了"父亲遗留给母亲的纪念"活了下来。

昭广八岁，读二年级。有一天，姨妈喜佐子要回在佐贺的娘家了，昭广盛装打扮，皮鞋擦得锃亮，两只手分别牵着母亲和姨妈，兴奋地去火车站为姨妈送行——这足以令他兴奋，因为平时母亲牵他手的场合太少了。发车的铃声响了！就在开往长崎的"燕子"号列车车门即将关闭时，昭广跟跄着向列车里面扑过去——是母亲把他"推"上了列车！火车冒着黑烟缓缓开动了。隔着车窗，他看见母亲在哭，车窗里姨妈也在哭。他笑着对姨妈说："我可以在下一站下车，你不用担心啊。"可是姨妈说："昭广，你以后要住在佐贺的阿嬷那里了。"被蒙在鼓里的昭广还不知道，此行分明是母亲为他送行。那时，母亲在广岛开一家小酒馆，起早贪晚，实在无力抚养昭广和哥哥两个人。为了让他能吃上饭，只好送他到并不富裕的娘家。母亲不知道，她流着泪奋力往火车上"推"昭广的那一下，不仅把昭广"推上"了相声舞台，也把他"推上"世界文坛。

　　昭广并没有想到，从二年级到初中毕业，对他成长有着深远意义的时光，都将从荒草丛生的河滩上的破茅屋里开始。他像被"卖"到险恶故事里不招人待见的小孩，恐惧、绝望无以言表。他想，屋顶茅草剥落、随意钉着铁皮的房子里，一定住着怪物般的"狼外婆"。可是，出现在他眼前的却是一位气质优雅的老太太：个子很高、皮肤白皙。不过，他开心得太早了！外婆见到他并没嘘寒问暖，而是径直把他领到一个大炉灶前，对他说的第一句话是："从明天开始，你就要煮饭了，好好看着。"说完，给他做示范，怎么把稻草和碎木片扔进炉门，调着火势，怎么用吹火的竹管"呼呼"地吹火。第二天早上昭广起床时，外婆已经出去工作了。每天早上四点她就要出门。昭广煮饭不仅要自己吃，还要供佛像。

学校是什么情形？赤松小学像一间阴暗的茶室，里面铺着榻榻米，学生们跪坐着上课。他不适应，同学们也看他不顺眼。一个月后情况就变了。他脱掉表哥送给他的金纽扣制服和锃亮的皮鞋，像其他孩子一样穿上木屐。没钱买零食，他们就上树摘朴树果、茱萸果、柿子，自制竹筏去河上划着玩。渐渐地他看到了水流清澈的河面，湛蓝、高远的天空，飞翔的大鸟儿，看到了广岛没有的一切。

本书体裁归为儿童长篇小说，但昭广写得平易、自然，让读者很容易跟着他娓娓道来的一个个小故事，走进他经历的成长历程。那么，我也以同样散淡的形式，把有礼、有节、有智、有识、有度、有趣、有责任、有担当的外婆，介绍给你们——

一、有礼。外婆的祖母是锅岛藩主家的乳母，她应该是在不错的环境中长大的，因为她气质高雅，还受过旧时妇女很少受到的正规教育。嫁给外公前，她还在某位陆军大将家里帮过忙，因此学过非常严格的社交礼仪。因此在生活窘迫时，她仍能淡然处之。出嫁后，陪嫁品中那带有藩主家纹饰的长方形大柜子里，时常装有啤酒。客人来了，她总是让客人喝点啤酒再走。

二、有节。仪容整洁。放学回家，昭广必须把衣服全部脱下来，拿到河里清洗。不论雨天还是雪天，坚持每天洗澡。外婆自己每天清扫工作结束后，也要换上干净的衣裳——虽然只是从一套工作服换成另一套工作服。她用行动践行。当初，她曾告诉五个女儿：不能穿着睡衣出门；在任何时候都要比丈夫早起，换好衣服，梳好头发，脸上至少要搽一点面霜。

三、有智。在河水里架一根木棒，用它拦住从上游菜市场漂下来的蔬菜、水果，可以捞起木片、树枝当柴烧。外婆说，那条河是他们家的"超级市场"，送货上门，不收运费。万一今天没得到什么，她也不失望，笑着说超市休息。河水还可以洗澡、浇菜园。有一天，昭广在河里拾到一只木屐，想丢掉。外婆说留着吧。果然，过了几天另一只木屐也拾到了。昭广不解地问外婆。外婆的解释是："那个人掉一只木屐时不舍得，但过两三天就死心了，把另一只也扔了。"朋友送了西瓜，他用瓜皮做面具玩儿，不想却让外婆腌成食物了。茶叶渣用平底锅煎脆后撒上盐，变成了"茶叶香松"。鱼的粗骨头硬吞下去，补钙；再硬的，用菜刀剁碎、压成粉，喂鸡。外婆说：只有可以捡来的东西，没有应该扔掉的东西。食物不是因为好吃而高级，是因为少而高级。

四、有识。外婆相信睡得好是保持健康的最好办法。她总说"流汗以后睡得香"，丝毫不以劳动为苦。坐巴士三十分钟能到的地方，她会花两个小时走着去。她认为疾病的克星是运动，并且很少吃药。"吃八分饱不对，七分饱刚刚好。"外婆过生日时说不用送礼物，帮她打扫就是生日礼物了。

五、有度。当昭广稍微想花点儿钱，比如学剑、柔道时，外婆就开始打哈哈，最后才推荐给他一项好运动——跑步。她还告诉他，不要拼命跑，否则肚子会饿；不要穿鞋跑，否则会磨坏鞋。中学后，昭广加入了棒球队，外婆没有通知他就去看了他的比赛，不顾优雅形象对着他大喊加油。待二年级时，昭广当上了城南中学棒球队队长，外婆打开她的宝贝柜子拿出一万日元，给他买下两千两百五十日元的高级钉鞋。

六、有趣。天气冷，没有晚餐可吃，外婆就让他睡觉，并说明天学校就有营养午餐了。可是此刻才是下午四点半啊！外婆给他灌了个热水袋，让他睡觉。可巧邻居来做客，外婆便把热水袋里的热水倒出来泡茶。秋游的时候，昭广没有水壶，外婆让他把茶水装进热水袋，结果因为路长，被口渴的同学们把热水袋里的水一饮而尽。昭广还因此换来了同学们的许多吃食。对于学习的事儿，外婆的回答更是"神回复"：别太用功！太用功会变成书呆子！"阿嬷，我英语不会。""那你就在答案纸上写'我是日本人'。""我也讨厌历史。""那就写'我不拘泥于过去'。""游泳不是靠泳裤，靠的是实力！"外婆令人捧腹的事儿比比皆是：在腰上拴条绳子，绳子的末端绑着一块磁铁，一边走路，磁铁上一边吸来钉子和废铁——这样可以换钱啊。后来昭广带着同学们也这样做，换来了自己的零食。他还下河踩鱼，换得自己的二十四色蜡笔，免得他借同学的画笔把纸上的人画得眉毛左边红、右边黑。

七、有责任。小儿子在三岁时被诊断为智力障碍，别人让阿婆把儿子送到收容机构。她说："自己的孩子，怎能交给别人养？""在小新死以前，我不能死。"果然，她一直养到小新活到三十岁去世了。做裁缝的三郎舅公到月底才能收到工钱，时常找外婆借钱，自己还捉襟见肘的外婆却大方地借给他五千日元，并说"什么时候还都行"。

八、有担当。见了小偷或乞丐，外婆也会给他们留些饭团。她的理论是："他们自己也不喜欢变成那样。""一万个人生下来，总有几个出故障的。"她对自然和动物更是慈爱无比。"野花很小，但在蚂蚁看来，很大呢。""人有种种欲望，可是猫儿狗儿什么都不说。大自然是人类的老师，所以要善待它。"

所以，你无法简单地定义这样一个外婆。比如，昭广凌晨三点偷偷跑到中央市场去搬货、打扫，打完工八九点累瘫了没去上课，外婆假装没看见。当昭广发现理化老师和音乐老师谈恋爱时，在黑板上画各种图案戏谑他们，有一次还在黑板上刻上了情人伞。老师大怒，让他赔黑板。外婆得知这事时虽埋怨他，但也说一定要赔，并让他和同学们把旧黑板抬回来，放在院子里当留言板。外婆慈善、规范、睿智、达观，她以行立身，以言以本。虽受时空的局限，但她的有些话字字珠玑，完全可以写到黑板上当名言，你不得不惊叹于她的某些观点，对现世仍有启示作用——

成绩单上只要不是０就好了。１分２分的，加在一起就有５分啦！人生就是总和力！有人用头脑，有人用劳力，社会就是靠总和力才成为社会的。

要带着笑容，好好跟人打招呼。穷人最能做的，就是展露笑容。

别抱怨冷啊、热啊的！夏天时要感谢冬天，冬天时要感谢夏天。

穷有两种：穷得消沉和穷得开朗。我们家是穷得开朗，而且和由富变穷的人不一样，不用担心，要有自信，因为我们家祖先可世世代代都是穷人。

外婆也是情感充沛的外婆。昭广中学毕业，外婆一会儿说他读佐贺商业学校学会计不愁没有工作，一会儿又说："留在佐贺？说什么傻话！"昭广离开外婆家时，倔强的外婆在河边粗暴地涮锅，连头都没回：外婆在流泪。当他走了二三十步对外婆喊道："我要去妈妈身边了。"谁知背后却传来外婆的声音："不要走……"这本书为《佐贺的超级阿嬷》和《佐贺阿嬷：笑着活下去》两书的合集，所以有一些叙述是重叠的。但在同一件事中，也能发现细枝末节的不同，就像我们每天吃着同样的土豆晚餐，然而今天加了牛肉丁，明天加了胡萝卜块、豌豆，总能发现欣喜之处。

本想成为棒球选手，却不知怎么加入了相声二人组而步入演艺圈，声名鹊起的昭广，他写的这些故事像小品或一段段相声作品，读来轻松、愉快，让读者本来为他们的贫苦生活揪着的心慢慢放平，甚至还跟着他们开怀地笑起来。因为不管多么艰难的生活，这个超级阿嬷都能分分钟就搞定！

当昭广带着女友离家出走投奔到外婆家时，没有告诉外婆他们是私奔，只是说想到别处找工作。外婆说，你没有学历，往东边去吧，东边的劳动力需求大。他听了外婆的建议一路向东，到了关西第一次进戏园子就遇到相声并被深深吸引，拜在岛田师父门下。外婆给他寄房租也不埋怨他，还开导他："人必须按自己想要的方式过活，不要跟我道歉，因为那是你自己的人生。"就这样，昭广晚上在酒馆兼职，打烊后，为了省钱，就在沙发上熬到天亮，乘早班电车回家洗澡，换好衣服再上台演出。相声热"退烧"，他为没有那么多粉丝而焦灼，外婆说："与其让一大堆人迷着你，不如用心磨练才艺。

才艺磨练精了，演出会受欢迎，自然又会有一大堆人喜欢你。""那一段日子虽然没有钱，却天天充满创意、发现和欢笑。我也因此学会了活得快乐的窍门。"昭广说。

爱出者爱返。日常生活中也是如此。豆腐本来十日元一块，但破了边儿的可以卖五日元一块。如果没有破的，卖豆腐的大叔会悄悄伸手捏坏一块，再以五日元卖给他们。在外婆的引领下，昭广的成长是幸运的：老师们怕运动会上没有母亲和外婆来观看，昭广即使得了第一也会伤心，更何况还没有好吃的盒饭，老师们便假说肚子疼，想吃梅干和甜姜（早就知道他的盒饭是这些食物，没有肉），换给他炒蛋、香肠、炸虾。正如外婆所说："让人察觉不到的关怀，才是真正的体贴。"

当昭广去广岛的特快车票和两千日元现金不翼而飞时，棒球队顾问田中老师从自己皮夹里拿出五千日元给他，并告诉他："德永，别去找小偷，如果找到了，他不就成了罪人吗？"田老师守护的，是比钱更重要的东西。中学毕业后，田中老师又推荐他以公费生的身份进入广岛的广陵高中。广陵高中是参加甲子园高中棒球联赛的名校。这样，他又可以回到母亲身边了。

昭广清贫而温暖的记忆，难道不也是我们的吗？物质的严重匮乏并没有影响乐观、智慧的外婆。她能绝处逢生，把日子过得开心，让清贫的生活充满色彩。那些美好的回忆像童年清亮的溪水，源源不断地把童年的难忘岁月分送给读者——从某种意义上说，它不仅是写给儿童的读物，更是所有人的励志读本。被誉为继《窗边的小豆豆》后又一部"既受家长教师欢迎，又受学生喜爱"的书，它当之无愧。

神奇的童话故事和一场伟大的冒险

《外婆的道歉信》

[瑞典] 弗雷德里克·巴克曼 著

孟汇一 译

天津人民出版社

"时间带走一切，读书带走时间。"这是"果麦读友会"书签上写的。但我想说：流逝的时光会在某些好书中再现，并且永远停留。比如这一本。

弗雷德里克，1981 年生于瑞典赫尔辛堡，以撰写博客和专栏起家。这是他的第二本小说，第一本书的名字很吸睛：《一个叫欧维的男人决定去死》。他写第一本小说的起因是，某天他把在宜家与老爸吵架的过程写在博客上，妙趣横生的对话立刻引起了读者的共鸣，有许多人留言跟帖、参与互动，他瞬间走红。从此，他开启了畅销书作家之路。如果说第一本小说的影响来自网络和民间的街谈巷议，那么第二本小说的奖赏则来自世界各地读者的反馈和官方评奖的肯定：《外婆的道歉信》使他成为 2016 年瑞典年度作家。

我最早看到这本书，是在沈阳火车站的书店里。对机场和车站里摆放的书，我历来保持警惕，对"全球总销量突破×××万册""出版后持续霸占《××报》畅销榜××周"的说辞更是不以为然。但在北京三里屯的言几又书店再次看到它时，可能是因为书店一楼咖啡的香气正适合一本怀旧的书，我就顺手拿下了它。

书的封面上，一个小女孩背着手捏着一封信，她的身旁站着一只大狗。两个背影居身于漫天飞雪之中，共同眺望着远方。奶黄色的封皮，仿佛能闻到蛋糕的香气。封面的空白处，还衬以糖果、饼干、花朵、猴子、飞鸟、万道霞光，使人的心顿时温暖、柔软起来，何况窗外正下着北风烟儿雪，虽然已过了惊蛰……

"每个七岁的小孩都应该拥有一位超级英雄，所有不同意的人都需要去检查一下脑袋有没有毛病。"外婆这样对爱莎说话时，爱莎正好七岁。但校长说爱莎得"正常些"，才能"融入其他小朋友"。外婆不这么认为。她说：不应该在乎那些笨蛋的想法，最优秀的人总是与众不同的——看看那些超级英雄。"只有与众不同的人才能改变世界，平庸的人什么屁事都改变不了。"事实上，"活泼过头儿"的七十七岁的外婆虽然不是一位"称职"的老人，但爱莎却认为外婆就是她的超级英雄。最起码，外婆这么说话，令她心中底气十足。

看出来了吧，这是个特立独行的外婆。再举几个例子。一次，一群衣冠楚楚的人挨门挨户宣传基督和上帝，外婆却敞着睡裙站在阳台上端着彩弹枪冲他们射击。从医生的职位上退休后，外婆的主要工作就是在家里"招惹"女儿和邻居们。女儿怀有身孕，提醒外婆不要当着她的面吸烟。外婆却责怪她大惊小怪："老早之前人们就开始抽烟了，还是有许多健康得不得了的孩子出生。在没有过敏测试和其他什么狗屁玩意儿之前，人类已经活了上千年，直到你们出现，开始觉得自己如此重要。人类还住在洞穴里时，你以为他们洗猛犸皮会用什么三十二度温水机洗模式吗？"而外婆的女儿、爱莎的妈妈乌尔莉卡，恰恰是具有"完美超能力"的人，也是一个较真的人，因此她和外婆可以连续吵上三个小时都不停歇。既能救人性命也能把人逼疯，既是宝剑又是盾牌，这就是外婆。爱莎想，这多少让外婆有点儿像"功能失调"的超级英雄。

不过，爱莎对外婆还是非常佩服的。她与外婆之间还有着共同的秘密：密阿玛斯是她们的神秘王国，不眠大陆的六个王国之一，离她们有"一万个童话永恒"那么远。爱莎小时候，父母离婚，她在网上看到小孩会在睡眠中死去，因此害怕睡觉。擅长出主意的外婆便想出个好办法——在她即将入睡的时候，外婆说："云兽会从阳台飞进来，载着她们越过无边的森林、色彩斑斓的天光，耳边吹着轻柔的微风，一直飞向她们的神往之地，去见识：蚁象、憾马、诺温、鸣嘶、雪天使、狼心、王子、公主、骑士、捕梦人……"因为外婆会讲精彩的童话故事，所以爱莎原谅了她许多性格上的缺陷。人必须有信仰，外婆说："相信什么并不重要，但你得愿意去相信，才能明白那些故事。"外婆还说，要大笑、要做梦、要与众不同。人生是一场伟大的冒险。

果然，外婆的人生的确有点儿与众不同。她只讲有戏剧性的故事，比如战争、风暴、追捕、阴谋之类的，从不讲不眠大陆的日常生活故事。而对付眼前的生活，就像爱莎妈妈埋怨外婆说的那样，"家里总是一片混乱。账单没付，冰箱里的食物过期，有时候根本都没有吃的"。但这并不妨碍外婆在爱莎心中神勇英雄的形象。爱莎出生那天，一万公里之外，一波巨浪侵袭了某个海滩，瞬间摧毁了人们美好的生活。当时外婆作为医生正身处一场战争之中，听到海啸的消息后，她直奔海啸现场，并救下了黑裙女人，又把她带回了自己的公寓。后来，她就从医院退休了，她的"战场"从真正的战场转到了她的公寓里。

外婆住的房子是四层楼，有九间公寓。外婆住在顶楼，和爱莎、爱莎妈妈、乔治（妈妈的二婚丈夫，外婆叫他"废物"）是对门；楼下住着被外婆称为"永远是我的灾星兼全职烦人精"的布里特—玛丽，还有肯特；再下一层住着每天喝至少二十杯咖啡的莱纳特、妻子莫德、萨曼莎（一只比熊犬）；对门是穿皮夹克、看上去总是怒气冲冲的出租车司机阿尔夫；他的楼下住着生病、不爱说话的男孩和妈妈；母子的隔壁住着从来不在白天出门的"怪物"（大约是瘾君子）……公寓的底层是一间公共休息室，每月一次的居民会议要在那儿召开。在邻居眼中，外婆是一个"爱管闲事的唠叨鬼"；她给雪人穿上衣服，让它看起来像从阳台上摔下来的真人，她喜欢搞这样的恶作剧；看到爱莎脸上的伤痕，外婆不仅不劝说她远离那些坏小子，还会振振有词："如果战斗找上了门，那就狠狠地对着他们的下面来一脚吧！"诸如这样的对话，让你觉得又好气又好笑又惊诧莫名：怎么一点儿也不像耄耋之人的言行？！

其实，书中并没有多少外婆生前的言行，在书中，她一闪身就不见了。全书厚达三百四十四页，而这个"爬围墙、在公交车道上驾驭雷诺、玩大富翁时作弊、从宜家偷购物袋、一边抽烟一边吃烤肉并用膝盖控制方向盘"的老人家，在第四十一页就"再也没有早晨了"。

外婆不喜欢谈论死亡，可是她确实病了，而且病得没有任何转机——她得了癌症。她一边沉浸在密阿玛斯王国的英雄生活之中，一边从枕头底下摸出一封信和一把钥匙，对爱莎说："明天，我要派你去完成一场前所未有的重大寻宝行动，我勇敢的小骑士，你准备好了吗？"被外婆称为"神奇的童话故事和一场伟大的冒险"的事儿到底是什么呢？送信！但现在还不是看信的时候。

有一天，当爱莎和外婆吃了肉桂卷，玩了很长时间的大富翁游戏之后，她们相偎着睡着了。刚闭上眼睛，云兽就来接她们了……第二天早晨，当明亮的阳光洒进病房的时候，爱莎在外婆的怀中醒来，但外婆却永远地留在了密阿玛斯……

"死亡最强大的力量不在于它能让人死去，而在于让留下来的人不想再活着。"达观的外婆知道自己去日不多，早已做好了一切准备。但是，在她身后，人们做了什么？怎么忆念起她？我在担心，"主角"已然缺席，剩下的三百页靠什么支撑？如何支撑？

爱莎履行诺言，挨家挨户敲门："我的外婆向你问好并向你道歉！"道歉的对象都有谁呢？爱吃糖果的大狗，总是不停洗手的"怪物"，爱管闲事的烦人精……听闻此言，面对各种各样的反应，爱莎回想着外婆给她讲过的关于追逐与冲突的密阿玛斯故事，巧妙地摆脱了外婆离去带给她的暗影、干扰。爱莎在向邻居"道歉"的过程中，学会了许多美好的品质。渐渐地，爱莎发现了生活的种种精彩之处，人与人之间也变得友好、和善。正如套封上所言："这是一个关于爱、原谅和守护的故事。"爱莎承袭了外婆的一些性格，因此妈妈让她成为刚出生受洗的弟弟的"笑母"（教母），大约也是深有寓意吧。外婆的关爱一直在爱莎的成长过程中延续着。律师马塞尔告诉爱莎，在她十八岁之前，她妈妈会做她的监护人，但外婆已留下遗嘱，这栋公寓的归属权是她的。

初读时，我发现这本书没有目录，心中不免开始犯嘀咕：莫非出版者"疏忽"了，还是另有深意？当我读到本书接近尾声的时候，才发现作者的良苦用心——像终于找到迷宫入口的孩子，我长长地吁了口气。那段文字是这样写的——

"爱莎坐在外婆的衣橱里，闻起来有外婆的气味，整栋楼都有外婆的气味。外婆的房子很特别，即使时间过去十年、二十年、三十年，你仍然不会忘记它的气味。装着她最后一封信的信封闻起来和这栋房子一样，有烟草、猴子、咖啡、啤酒、百合花、清洁剂、皮革、橡胶、肥皂、酒精、蛋白棒、薄荷、红酒、轮胎、木屑、灰尘、肉桂卷、烟、海绵蛋糕粉、服装店、蜡油、欧宝、洗碗布、梦想、云杉、披萨、香料热红酒、土豆、瑞士蛋白酥、香水、花生蛋糕、玻璃和婴儿的气味。有外婆的气味，闻上去有那个最疯狂最美好的人的气味。"

原谅我大段大段地录入原文，这不是我的风格。但在这么长长的一段文字中，你看到那些顿号之间的三十三个名词或词组了吗？它们再加上"外婆""尾声"两部分，正是此书的目录名称。哦！我不禁惊叹于作者和编者的美好心思。当我读到此处时，通晓了故事的来龙去脉，再轻轻地念出那些美妙的词语，像小心地抚摸着一颗颗闪亮的珠贝，像仰望天幕中一颗颗眨着眼睛的星星，每一颗都有独自的气息和味道，每一颗都令人怦然心动。它们共同搭建了一个童话王国，里面坐着可爱的外婆和爱莎，仿佛一伸手，就可以触到……

从版权页中我看到，全书印数已达三十五万册。书中还夹着一封写给爱莎的信，但我一个字也不认识，只认得四折的信封折痕处上方写着："读完本书前请勿打开。"所有这些独具的匠心，都让人想到：这是一本用心出品的童书——但是，它对人生的启示和良多教益，谁能说，只关乎儿童呢？

那入骨的寒凉
在熊熊燃烧……

《南极》

[爱尔兰] 克莱尔·吉根 著

姚媛 译

南海出版公司

　　有几个眼光值得信赖的作家朋友，是我的偏得——也许，他们并不知道——像拓展训练中的腾空、后仰、坠落，如果不是托付终身一般信任腕手相连组成人"网"的伙伴，还怎么敢冒险呢？于是，听从他们的建议，我买下了这本书。

　　入伏前溽热的北京，连日来气温直逼四十度，呼吸都困难，汗毛孔像小小泉眼儿，世界杯爆出的"冷"，也不能使高温降低一丝半度，想安静地读书，真难。所以，买的这一批书放了好久，才看到这本。

　　当我看到她的简介——生于 1968 年时，心"咯噔"了一下。为什么？因为她与我同庚。而我对与我年龄相仿的女作家得到如此盛赞，心下是怀疑的，也是恐慌的。不是我犯神经。在稍后的简介中出现了这样的文字："在当代世界文坛，只专注于短篇小说创作，并获得国际声誉的作家并不多，克莱尔·吉根是其中备受关注的后起之秀。只凭三部短篇小说作品，她已跻身世界一流短篇小说家之列。同博尔赫斯和雷蒙德·卡佛一样，她以精致动人的短篇小说见长。"后面又写到，她获得了"爱尔兰隆尼文学奖、戴维·伯恩爱尔兰写作奖"。对于爱尔兰文学我知道的并不多，叶芝、贝克特、乔伊斯，还有谁？音乐上我只知道恩雅，她空灵如教堂圣洁之音的歌一直陪着我在旅程中回环着。不会知道更多了。如今，多了吉根！

这是本短篇小说集。我怕不解渴，隐隐觉得有点儿遗憾。但看完书后的第一感觉是：我需要重读一遍！一个字一个字节俭地读！像品美味一样，我有点儿狼吞虎咽了，还没尝到它的本味，更别提回甘了。全书共十五个短篇，十二万字。有的篇什太短了，可以叫小品文吧。我是个喜欢完美的人，它的几篇标题太简捷、太简单，令我不满。比如：《南极》《跳舞课》《暴风雨》《姐妹》《男人和女人》等。但读完全书，掩卷细想，又觉得她是对的——这样，才好与她的行文风格相匹配。

《南极》讲了一个很普遍的话题：婚外恋。"每次那个婚姻幸福的女人离开家时总会想，如果和另一个男人上床，感觉会怎样。"这是开篇的第一句。可以说，她是行动派，她要"在自己还不算太老的时候试一试"。想到即做到。她马上投入"实验"。要过圣诞节了，她对丈夫说要去采购圣诞礼物。于是，星期五的傍晚，她怀揣着风雪和向往，坐上了进城的头等车厢，一边看着一本犯罪小说，一边等待着即将展开的新奇旅程。

在旅馆酒吧中，她找到了"目标"，或者说他们找到了彼此，像两个猎物互相趋近。接下来的故事顺理成章，沿着他们愿望的航线。他称她为"无拘无束的中产阶级妇女"，称自己为"孤儿"。他们买了活鲑鱼、黑橄榄、羊奶干酪、酸橙、哥伦比亚咖啡，更重要的，还买了意大利冰基安蒂酒和一张彩票——是的，他们的相遇就像"中彩"一样——更确切地说，是她"中彩"了。她说："假装你是美洲，我是哥伦布。"她甚至暗自庆幸他成全了她，帮她完成了"新大陆"的探寻之旅。自然而然，他们回到他郊区的房舍，成人世界该发生的都发生了。他做饭时，她抱着猫坐在沙发上看一部关于南极的纪录片——对的，她此间的生活也是一部纪录片。

她并不贪心，完成这一宏大计划之后去退房准备回家。可他又出现在旅馆大堂。晚上6点的火车票握在手中，她没心思再跟他回郊区。但最终她想不出不跟他回去的理由。"算是分手前送给他的一份礼物吧。"她像被魔法牵着，亦步亦趋。可是这次她"中"的是"厄运"。他用冰凉的手铐把她铐在黄铜的铁床头上，她又喝了他倒的一大杯"咖啡"……等她醒来，听到他说"我得上班了"；"不是你想的那样，真的不是。我爱你，你知道。试着理解吧。"然后，他转身熄了灯，房门应声关上。她挣扎，嘴被塞着。邻居是耳聋的老奶奶，眼前是令她毛骨悚然的波斯猫、敞着的窗口冷风直灌进来……她甚至连恐惧都消失了。她想起丈夫和孩子们，她也许永远见不到他们了。"她想到了南极，雪和冰和探险者的尸体。然后她想到了地狱，想到了永恒。"小说戛然而止。

这是一个陈旧的主题，但当我看到小说结尾时，忽然想起海明威的《乞力马扎罗的雪》。它的结尾写到妻子海伦见到帐篷中的丈夫、作家哈里面对生的迷茫与死的恐慌时的惊惧与恍然。简约的叙述、冷峻的笔触、诗性的结局，都太像了！这时，倒吸一口冷气的是我。如果从前对同龄女作家还有挑剔，那么此刻，真心服了！

这本书，有的篇什我看得不够仔细。但就第一遍的观感，我喜欢《南极》《男人和女人》《姐妹》《燃烧的棕榈》《护照汤》。虽然对前几篇的题目有些不满，但因内文精彩便也释然了。

《男人和女人》是从一个孩子的视角观察父母婚姻

生活中的细微、敏感之处，也可以说，是男人和女人之间"刺猬"一样永远纠结之处。一个装了人造髋关节的男人，在圣诞舞会上怎样与美人儿萨拉跳舞；妈妈克服自卑，假装自己中奖主动走上舞台、走到众人面前；"我"看到男女情感之间的种种差异。像一个精巧又沉实的瓷器，它置身于忽明忽暗的光影中，展示给别人的是美丽和光华，但它本身却是易碎、易逝的——婚姻莫不如此。

《姐妹》写的是女孩贝蒂、路易莎成人后面对父亲留下的农庄时，两人之间微妙的感受。贝蒂是姐姐，从前也有一双弹钢琴的手，但为了操持家务，从小做着粗活，后来变得指节粗大、头发枯黄。母亲去世后，贝蒂接过照顾生病的、坏脾气的父亲的重任，并为他送终。贝蒂挤牛奶、烧煮、整理花园、把土豆藏进地窖、跪在地上擦地板，几十年来每天撒粪肥、为爸爸洗内裤……像奴隶一样，她忙得没时间结婚。一个年轻的新教徒喜欢过她，但她父亲不喜欢那个年轻人，于是那场恋爱无疾而终。慢慢地，她也过了结婚生子的年纪。可她忙碌、平静的生活很快被打破。一个炎热的星期五的晚上，嫁到恩尼斯科西的妹妹路易莎一家四口到来了，她很开心。可是，六月过去了，七月过去了，八月也要过去了，贝蒂几个月的生活费都花光了，他们还没有"离开"的意思——

父亲在遗嘱里写过"路易莎有房子的终生居住权"——贝蒂像招待客人一样每天变着花样儿做餐饮，带孩子们玩。可路易莎在想什么呢？她无从得知。直到一个孩子无意间问贝蒂："贝蒂姨妈，你死后谁是这里的主人？"她才恍然。爸爸死后，她第一次大哭起来。"这一生她不停地在干活，她做了应该做的事情。但那是应该做的事情吗？她最终成了弯腰捡起爸爸发脾气摔碎的瓷盘子的人？"她终于明白自己在家庭的位置，用剪刀飞快地剪断了路易莎的头发——是不是也剪断了"情"丝？路易莎哭着带孩子们走了……

《冬天的气息》，写一个叫汉森的男人。他的妻子正怀第三胎，懒得动弹，于是，他带着孩子和保姆到格里尔家去玩，不想，他们的生活却因此发生突变。格里尔的妻子在绝食，体重只剩下不到七十磅了，而与之相关的"黑鬼"却比一头猪还能吃。他们之间到底发生了什么？强奸，还是别的什么？作为律师的汉森知道格里尔遇到了"困境"。得到许可后，他分别打开他俩的房门，汉森知道，如果换了他遇到那种处境，他也会如此处置他们。当汉森准备回家时，一个年轻的黑人正恶狼一般冲向保姆，孩子们在尖叫……

相比较而言，我更喜欢《燃烧的棕榈》的调调儿。

外婆的房子旧了，但不肯让政务委员会的人扒掉，于是，"牧区里最奇怪的一座房子"便与马路一墙之隔。妈妈家的房子在不远处。外婆不同意妈妈和爸爸结婚，而婚后他们又总是为钱吵架，因为爸爸总是拿家里日常开支的钱去赌博。所以，男孩总以各种借口赖在外婆家，不回自己家。一天，掌灯时候，男孩和外婆在玩纸牌游戏，男孩就要赢了，可是哗啦一声巨响，玻璃碎裂和石块掉落的声音破空而来，接着，腾起一团灰雾，一辆疾驰的车冲进房屋……在一片废墟中，外婆找到了血泊中的女儿。救护车呼啸着赶来，可是男孩的妈妈已经没救了……葬礼过后，男孩在铁匠铺看到了爸爸。放工具的架子上，有一个威士忌酒瓶，里面只剩下一半了。"儿子，你妈妈走了，我不知道我们该怎么办。"外婆坐在瓦砾堆里，用一只茶杯喝着白兰地，头发披散着："要是那天妈妈叫你回家时你就回去，今天她应该还活着。"

　　外婆带上大衣、养老金发放簿、妈妈的结婚照，点燃了房子里洒成带状的灯油，抓住男孩的胳膊走出家门。身后的山谷里，他们的房子在燃烧，山墙尽头枯死的松树、棕榈在燃烧……联合收割机的前灯在麦地里移动，空气中有雨的气息。"这样的天收庄稼真奇怪。""嗯，如果他们现在不收，以后就再也不会收了。"火光冲天的夜幕下，不尽的悲凉如熊熊大火，燃烧、蔓延……

《护照汤》，写的是弗兰克·科索和妻子在九岁的女儿伊丽莎白失踪后，两个人处于悲伤与无语状态，婚姻生活似乎也随着女儿的消失而变得冰冷、微妙。妻子住在女儿的房间里，被单下是几十张女儿的照片：吹生日蜡烛的、妈妈抱着她的、荡秋千的……他成了"隐身"的丈夫。她如果出去，会写好便条："去看妈，很快回来。"不会对他直说或打电话。有一天，他独自去了一家汽车旅馆，打电话告诉妻子晚上不回去了，话还未说完，妻子已经挂掉电话。还有，即使他睡在隔壁做了噩梦，妻子也只是打电话给他。科索在自己家房子后面的玉米地里弄丢了女儿，妻子不能原谅他。"家就像一个大停尸房"，他几乎忘了她说话的声音。可是，周五晚上他回到家，忽然闻到了久违的热汤、热面包的香味，妻子穿上了漂亮的蓝色晚礼服，脖子上还挂着玻璃珠，珠串垂到乳沟。桌子上放着三套刀叉。"在等客人吗？""喝一杯怎么样？我想喝一杯，你呢？……为什么不去把衣服换了呢？"他心花怒放，以为妻子终于从女儿离世的阴影中走出来了，是的，也许他们还可以再生一个孩子。可是当他凑近闻上去很不错的汤，伸手去拿喝汤的勺子时，朝碗里看去的一瞬，他又把勺子放下了。他开始数数一直数到九——飘在汤面的是九张护照照片大小的女儿的照片……他推开碗，把头伏在胳膊上。妻子说："我们家的特色菜：护照汤。""别这样！""怎么了？难道你不喜欢吗？你从来没有喜欢过我烧的菜……你这个杂种，给艾尔西说仙女的故事，让她相信那些胡扯。你把她弄丢了，你这个没用的东西，狗娘养的！"她给了他一巴掌，又几巴掌。他跪下来，扯住她的裙角。她向后退。他听到她的责备像刀片一样飞向他，插进去，再旋转刀柄，但他感觉好多了——这是一个开始。这比什么都没有要好。

纵观她的小说，细节的力量太过强大，不动声色中已暗藏玄机或杀机。语言干净至极，很少用不熟悉的字词，但它们产生的语言魅力又令人无法抗拒、不可匹敌。作者是作品中的小孩、外婆或莽汉，分饰不同角色，却都有属于他们自己的语言、身份、行为，但又不是生活中我们所见的稀松平常的种种。不过，仔细想想，其中的哪一个人、哪一件事是超出"常规"的呢？没有！你只能于无声处惊叹作者敏锐的观察力、洞彻精微的判断力及上升到人性、社会属性的巨大力量。四两拨千斤，说的就是这样的功力吧。

除了上天的恩宠，我想，在生活中她一定是个古灵精怪、有孩子一般清澈心灵、智者一般深邃智慧的人，否则她不会对世事拿捏得如此精到、准确，如绣花；如打铁砧，铿锵韵致，火光四溅，淬火的冰水中烟雾升腾，而躲在烟火与光晕后面的铁匠却目光沉稳、坚毅，手不抖、身不摇，看客则早已大张着嘴巴，无法闭合。

"她能闻到他冬天穿的夹克上有樟脑丸的味儿；他闻上去像一只很久没有打开的抽屉。""三个人就这样坐在那儿等着：科迪莉亚，医生，他的妻子，三个人都在等，等一个人离开。""我想让自己染上一点疯癫，只一点点，以此来保护自己。就像种痘。""眉毛很浓，仿佛你得把他的眉毛吹开才能找到眼睛在哪儿。""吻我，好像他们渴了，而我是水。""抚摸着如眼皮一般光滑颜色变得暗淡的粉红色花瓣。""格里尔的房子是木头的，漆着生猪肝的颜色。""她总是出门在外，安排其他人的生活，让自己看上去是个好人。"不能再抄了，否则有掠美之嫌。或机警，或清新，或新奇，或哲思。这样的语言随处可见，如一道道大餐、甜点，担负着不同的作用，但归根结底都是她智力、能力与情怀精心打造、出品的舒爽冷饮。这样的小说舒缓如流，妥帖、自然，看不到用力过猛的断裂和折痕。如诗、似茶，需要慢慢地品，漏掉一个字都是损失。

还是那句话——当我准备好专注时，再看一遍。还要找她的《寄养》品一品。"有秘密的地方就有羞耻，这个家里没有秘密。/ 爸爸把我寄养在金斯莱家里。/ 他们给我洗澡，换上干净整洁的衣服。我们一起打水，做家务，享用午后的面包，看九点新闻。/ 我喜欢这个没有秘密的家。/ 一个月亮高高的夜晚，邻居告诉我，我一直穿在身上的是金斯莱儿子的衣服。他死了。"看到最后一行，哆嗦一下。是一个好故事的开篇，你说呢？

轻盈如水的回望

《寄养》

[爱尔兰] 克莱尔·吉根 著
七堇年 译
南海出版公司

　　三十二开的小书，才一百零四页，且排版松散，读起来一点儿都不累。哦，七万三千字也可以叫长篇？而且——是"精美插图版，附英语经典原文"。天！我马马虎虎的毛病又犯了，根本没仔细看就下了单，那些勾勾英文我又念不成句。

　　南海出版公司好像喜欢这样的版本，或者他们认为读者喜欢？上次买的《芒果街上的小屋》也是这样的感觉，连封面的感觉都像。柠檬色，一点儿也不刺眼，小温馨。再加之松松的白云、蓝天、小苗儿、黄裙黄鞋白袜的小女孩背影、一道叠一道的土坡，哦，太像我画过的一幅简笔画了。

　　知道七堇年是作家，却不知她也是译者。腰封上有这样一段文字："一曲忧欢并融的行板，温柔如烛光照亮房间的黑暗角落。作家悠缓地呈现了一幅爱尔兰普通乡镇生活的平凡景象。那种细腻而忧欢的韵味，流畅饱满，在最后一个句号落下时才完满地释放。"这一小段文字中两次用了"忧欢"，看来译者喜欢用这个词定义这本小说的基调。我看完译文，便原谅了这带给我小小"不满"的一点儿"瑕疵"。

腰封上称吉根为"艾丽丝·门罗之后，新一代短篇小说女王"，作者简介里称她"同博尔赫斯和雷蒙德·卡佛一样，以精致动人的短篇小说见长"。正是读吉根的短篇小说集《南极》时，看到后一句惊人之语，我才动意也动了手指下单买下这一本。那么，这到底是什么样的故事？

"我"是一个名叫"佩妥"的小女孩。星期天早晨，在克朗尼戈尔的第一场弥撒之后，爸爸没有像往常一样带"我"回家，而是朝着海岸前方韦克斯福德腹地开去——那儿是妈妈老家的亲戚金斯莱家的方向。爸爸是个贪玩儿的人，在路过希莱拉村时还玩了纸牌游戏"四十五"，输掉了家里的红毛短角牛。一路上，"我"猜测着金斯莱家会是什么样：高个子女人自然地递给"我"刚挤出来的热牛奶？男主人从口袋里掏出的不是五十便士而是手帕？正猜测着，见车窗前出现一条狭窄的柏油路，路的两边是修剪得方方正正的密实的树篱，窄道尽头有一栋长长的白房子。进得院子，高高的、明亮的窗格映出"我"披头散发的样子——乱得像个修补匠家的孩子。随着一只大猎犬的叫声，一个白眉毛、身形方硬的男人走出来，他就是金斯莱。他和爸爸站在那儿开始谈论雨水、牲口的价格、欧共体、堆积如山的黄油、青柠的价格。这时，女主人埃德娜出现了——她穿着宽松的印花衫、棕色喇叭裤，打开车门，她吻了"我"。"上一次我见你的时候，你还在婴儿车里。"她舔了舔大拇指，从"我"脸上擦掉了什么，她的大拇指比妈妈的柔软。她看到"我"穿着薄薄的棉裙子、脏凉鞋，喊我"宝贝"，领"我"进屋并从烤箱里端出一个大黄馅饼，给冒泡的脆皮卷浇糖浆。修长的花瓶里插着一束高高的法兰西菊——可是，房子里一点儿小孩的迹象也没有。

"我"为什么要到这儿来？妈妈又怀孕了，快到预产期了，家里除了两个妹妹还有什么家当？可爸爸刚才却对埃德娜撒谎说自家"仓库里堆满了干草"，他"从橡子下挤进去的时候差点挤破脑袋"。吃了一顿有番茄、洋葱、新鲜面包、乳酪、甜菜根、火腿的丰盛晚餐后，爸爸就急急地回去了。临走时，他只对两个大人说："祝你们好运啊，我希望这孩子别给你们添麻烦。"而对"我"却说："别惹事儿啊，你。"连一句"再见"都没有，更没有拥抱，也没说什么时候接"我"回家。"我"难过地盯着自己的脏凉鞋。"他的脑袋不是一直都像个筛子吗，还是老样子。"女人转回身对"我"说，"好了，姑娘，你该洗澡了。"她在浴缸里放了许多水——不像家里那么少，还得家人轮流洗。她把"我"趾缝间的污垢用镊子清理掉，然后给"我"穿上一条老式的裤子、新的格子呢衬衫，并在腰间扎了帆布腰带。"妈妈说我得每天换短裤。""你妈妈还说了什么？""她还说你们想留我多久就留我多久。"她大笑着，为"我"梳头发，没再说话。

"我"跟着她去井边，"我"问："是秘密吗？""这个家里没有秘密，听见了吗？""是的。""有秘密的地方，就有羞耻，而我们不需要羞耻。"他们家的田地又宽又平，被一道道电网分割着。她告诉"我"不许碰，除非想触电。水井到了，她拉着"我"的裤带，以防"我"掉下去。用一只长柄勺子，"我"喝到了清凉、干净的井水，还看到了水中干净的自己。"我"一共喝了六口，希望这个没有秘密和羞耻的地方能是自己的家。晚上，"我"以为她会让"我"跪下来祷告。可是没有。她给"我"披了披被子，问"我"是否怕黑，又在卫生间放了一个便壶。她俯下身吻"我"，道晚安。屋子里只剩下"我"自己了，

"我"觉得好像不时有个小男孩站在远处挥手，看上去很开心，但"我"每看到一次，内心就隐隐感到哀伤。"我"想起了妈妈和妹妹们。有一天深夜，"我"感觉床垫陷了下去，是她过来躺在"我"身边："上帝保佑你，孩子。如果你是我的孩子，我绝不会把你留在陌生人的家里。"

日子一天天过去，"我"配合女人做家务，她教"我"烤面包，叫"我"冲着田里喊："喂，开饭啦——"他呢，听到新闻里罢工的人死了，觉得自己的生活"有两个女人伺候吃喝"，真好！女人回他："这不是你挣来的吗？"他们是两个懂得感恩的人啊。女人一整天都在做事，打扫地板，做沙拉和面包，熨衣服。她和他一样，做起事来不紧不慢，从不停下。金斯莱开始训练"我"："你跑起来快吗？前面有一个邮箱。长腿姑娘，到了你回家的时候，你就会像一只鹿，这个教区没一个男人追得上你。"傍晚，女人让"我"坐在她的大腿上，漫不经心地敲"我"的光脚，赞美"我"长长的脚趾真好看，还说"我"耳朵里脏得可以种天竺葵。梳一百下头发，编辫子，她说"我"的气色好多了。这些都是她每天愿意做的。我一直希望有什么突发事情打破这种平静的时光，比如弄湿床垫、打碎东西，但是没有。"我"和女人每天按照列好的清单劳作：拔大黄、烤蛋挞、烘干衣物、清扫蜘蛛网、除草、浇水、穿过田地去井边打水……晚上他们看九点新闻或陪客人，让"我"去睡觉。

一个星期天，他们开车带"我"去格瑞伊镇上，给"我"买了短袖印花衫、深蓝色长裤、黑色系带皮鞋、短裤、白色及踝袜，"我"有了属于自己的衣服，而不是他们家里原有的。服务员说："你妈妈对你真好，不是吗？"金斯莱对"我"也好，他给了"我"一英镑，让"我"买巧克力雪糕。"那不够她买半打吗？"她说。"小姑娘不就是拿来宠的嘛。尽管拿去，好好花。"金斯莱说。他们还买了培根、腊肠、马蹄形黑血肠，还有贺卡、便笺、小首饰、硬口香糖……我们开开心心地回家。

刚到家门前的台阶，就见一女人在那儿等着，说她男人死了，得找金斯莱帮忙挖坟。女人说不能把"我"一个人留在家里，只好把"我"带上一起去丧家。在那个人家，"我"待着无聊就想回去，这时，一个叫玛德里德的人说顺路可以带"我"回家。路上，这个女人问这问那，关键是——她还问"我"：那孩子的衣服还挂在衣橱里吗？"金斯莱的儿子啊，你个小笨蛋。你还不知道吗？那孩子不是跟着那条老狗跑，结果掉进了泥浆池子里淹死了？反正他们是这么说的。他们说约翰操起枪，把狗拖到田里，但他始终没狠下心来射死它，真是个心软的傻瓜……他们一夜之间白了头发。"

金斯莱回来了，拿砂纸磨"我"新鞋的鞋底以防滑，还牵着"我"的手穿过小径走上大路去看大海——哦，"我"从来不知道大海离自己这么近，"我"的爸爸也从未牵过"我"的手。"我"又想起刚才在葬礼人家时，"我"坐在他的腿上，别人说"我"太沉了，他却说"我""像羽毛一样轻"。他们在沙滩上看到了一扇坏了插销的马厩门，他说，看来有人的马跑丢喽！"总会有奇怪的事情发生，今天晚上你也遇到了一件奇怪的事情，但埃德娜没有恶意，她人太好了。她总想在别人身上找到善意，有时候她寻找的方式就是去相信别人，希望自己不要失望，但总要失望。"他笑了，是奇怪、哀伤的笑声。他指给"我"看原来远处的两盏灯变成了三盏灯。"你根本不用说什么，时刻记住这一点，永远不要那样做。有时候人失去了很多，恰恰是因为他错过了保持沉默的恰当时机。"他的话"我"还听不太懂，但觉得有几分神秘。"你知道女人的天赋是什么吗？预知不测。"他帮"我"穿上鞋，用手臂环绕着"我"，将"我"揽入怀中，好像"我"是他的女儿那样。

下了一星期的雨后，妈妈的信终于到了——女人说："你有一个新弟弟了，还有，学校星期一开学，你妈妈让我们周末送你回去。""到时候我得回去吗？""我"不能确定。"但你真的不知道吗？你不能永远留在这儿，跟我们两个老家伙在一起。""我"站在那儿，盯着炉火，竭力不哭出来。她说："别伤心，过来。"她给"我"看书上的无袖针织套衫，问我喜欢哪种花样。"我"泪眼模糊地随便指了一个蓝色的、看起来比较容易织的样式。"好吧，你选了最难的一个，我最好这周就开始织，不然等我织好了，你都长大了穿不进去了。"

知道要回家，"我"恨不得早点儿走，好让自己好受些。一个晚上，"我"已准备好上路了，带着女人给"我"的棕色皮袋子，还有衣服、书、一条黄色的肥皂和洗面巾、发刷。这时，邻居又来找约翰帮他拉牛犊，约翰挤牛奶还没回来，女人只好去帮忙。"我"一个人坐立不安，想帮忙又不知做什么。这时，一道轻盈如水的光照到锌桶上。"我可以去井边打水，这样她晚上回来就可以用井水泡茶了。""我"穿上男孩的夹克，提起桶走进田里。"我"弯腰、伸手、汲水——但水也在拉我……我浑身湿透了，女人平静地看了我一眼并迅速把我收拾妥当，带"我"进屋睡觉。第二天早晨，"我"没觉得受凉，但她让我喝了柠檬、丁香、蜂蜜的热饮，还吃了阿司匹林。那晚，"我"没能回家，直到周末晚上他们才送"我"回家。

妈妈抱着弟弟看着"我",妹妹们过来摸"我"的新衣服。过了一会儿,爸爸醉醺醺地回来,没有拥抱,只说:"啊,这个败家女,是你自己要回来的,对吧?"

该回去了!他们从车里拿出果酱盒子、四袋土豆。他们告诉"我""随时可以回去,"分别吻了"我",开车踏上回程。

"究竟发生了什么?"妈妈问"我"。"什么都没发生。"我长大了,明白那些发生的事我永远不需要提起。这是"我"保持沉默的最佳时刻。

忽然,"我"打开栅栏的门,从站着的地方向车道跑去,心跳得像要蹦出胸腔,"我"的脑海里闪现出许多事情:墙纸上的男孩、锌桶把"我"拽进井里的瞬间、迷失的小母牛、哭泣的床垫、第三盏灯……就在转弯时,"我"看见他正在那儿,把栅栏门的门闩放回去,关门。看到"我",他愣住了。"我"没有犹豫,跑向他,接近他的时候栅栏的门打开了,"我"扑进他的怀里,他把"我"举了起来……当"我"终于睁开眼睛,目光越过他的肩膀,看见爸爸拄着拐杖,而他紧紧抱着"我",仿佛一松开"我"就会溺水。我听见女人似乎在啜泣,声音压在喉咙里,好像现在不是为一个孩子而是为两个孩子哭泣……

"我"永远不会把自己留在金斯莱怀里的原因告诉别人。

"爸爸。"我不断地提醒他，也不断地呼唤他。

就是这样一个温暖、安静得动人的故事，由"我"这样一个七八岁的小姑娘讲述出来，我几乎被她的沉静惊到了——也可以说，被作者吉根的语言折服了。正如村上春树所言："吉根用简洁的词语写出简洁的句子，然后组合在一起绵延出简洁的场景。"说它是儿童文学作品吗？不尽然。但哪一个场景、人物、花、树，都是我们童年的回忆，哪一个又都是属于吉根的唯一。我们看到这些既熟悉又陌生的时空，被她的生活、童年和岁月反反复复地折磨着、感动着，如北京半月有余之后的阴雨天气，适合短的睡眠、浅的梦境，适合在下午茶时光里望着空风景的窗外发呆，听飞机在头上飞来飞去，带自己的思绪去遥远且不可知的神秘之所。这其实正是人类成长的情感基石，是人生最初的"牛初乳"，是不是缺钙、软骨，人生之桥是不是坚固无比、韧性十足，那将是关键的、致命的发酵期。

吉根说："不管是谁，平凡日子里都会有惊心动魄的瞬间，你看，这不就是寻常生活吗？我没有刻意夸大，也不曾定义这些是压抑的黑暗面，在我看来，这就是最普通的生活。"可是，她越是这样轻描淡写，越证明了一个真理：凡平常的事物，恰是成长过程中最朴素、最重要的营养，长身体，也长精神——她发现、找到并干净、利索地剔除旁逸斜出的"枝节"，露出"人生的梗概"。而基调却是温良的、美妙的，如黄昏之时于森森林木中点上的第一盏灯火，看到的是模糊的"轮廓"，飘浮着的是忧伤的乐音，流荡着的是人的气息。

森林剧场 雨声喧哗的

《雨》

[马来西亚] 黄锦树 著

四川人民出版社

　　黄锦树，1967年生于马来西亚，后赴台求学并任教，获中国台湾、马来西亚多项重要文学奖项。请原谅我的孤陋寡闻，从他开始，我才有点儿了解近年的"马华文学"。

　　这个长篇大约有十七万字之多，读起来不很难，却也不容易。不很难，是因为与皇皇巨著相比，字数不是很多；不容易，是因为哪一篇、哪一段、哪一句、哪一词，都包含相当的意义，都需要仔细捉摸、玩味，不容许囫囵略过。况且，抽出哪个，都是"海岛"少了一个"海岬"，哪处都有相当的分量，不可或缺。所以，读完整本书，断断续续，我竟用了差不多一周。

　　序是朱天文写的，题目叫《迅速之诗》。在序中，朱天文这么评价小黄同学的写作："用频换观点和改变节奏来增进，一景叠一景，一事接一事，经常类似，到底又不同。滔滔不绝要将一切变得无所不在，且近在手边，它是一部迅速之诗。"（语出卡尔维诺《奥维德与宇宙亲近性》）"迅速"？朱天文说："自卡夫卡以来的现代小说，从精神到样貌，总是跋涉。现在读了锦树的小说，竟是迅速之诗。可是说来辛酸，能够迅速，正是因为马华文学的文化资产欠缺，甚或没有。'我们必须继承那沉重的没有，那欠缺'……是因为没有，所以迅速？"

　　卷首，引用了一句马来古谚："大海何处不起浪，大地何处未遭雨。"从此，雨拉开序幕，倾盆大雨、豪雨、细雨、绵绵雨……各种各样的大雨、小雨就没停过。雨大时，如创世之初，撕开混沌的世界；雨小时，如丝篁琴弦，揪扯着人心；雨停时，眼前似有热气蒸腾、鬼魅隐形，如一个暂时歇息的人，猜不出接下来将是如泣如诉还是雷霆万钧。莽林密如天外古堡，与世隔绝地自成一格，所有的涉足都是冒犯、冒死之举。异邦、神秘人、古树、橡胶林、黑夜与白昼、过往与现在，如正在上演矛盾与冲突的廓大剧场——天地随处搭建舞台，人、鬼、兽没有一个是小角色。

　　再看封面，墨绿色与黑色相间，有印象画的感觉，仿佛提着相机对着林海随意一捏——无须对焦，甚至无须用眼睛看，相当于"神枪手"，指哪儿打哪儿——几枝纵横的白色线条，如闪电，如纵横的枝丫，如雨水流过透明玻璃窗的划痕。对！那感觉，像你正立于明亮、通透、没有任何边框的一扇巨幅玻璃窗前面，豪雨刚刚冲洗干净的玻璃上没有一丝杂尘，只有这些"枝丫"，悬垂着，让你忍不住有抬手想摸一摸的冲动。一个变形的"雨"字，似泪似河，顺流而下，畅通快意。对！一个字就够了，它足够简洁，也足够丰富。"大雨无边无际，召唤南方胶林深处的情感与记忆。"提起"遗忘之河中只身溯洄，步履不停的觅渡者"黄锦树，作家骆以军说："以前他用小说追捕悼亡离散消失在南方的历史，现在他在悼亡'小说'那无与伦比的故事幻化之美。"没错！黄锦树在回望、追索，沿着胎痕、血脉之河，逆流而上，以期发现滥觞。可以说，这既是一个个诘问，又是一次次断肠——

"离开故土下南洋的一个小家庭，栖身并扎根于马来半岛胶林间，四周环伺着凶猛的野兽、怀着异心的外人及徘徊不散的亡灵。伴随着家庭成员突如其来的失踪、离奇的死亡，缓慢而抑郁的步调积累到了某一天，迸发出爆裂性的奇诡突变，暴雨带来的洪水有时通向彼岸，从死神的指掌间他们脱离了现世，旋即变为异物投向下个轮回，不断循环往复。"

杜拉斯说："每一本打开的书，都是漫漫长夜。"

在北京的酷暑中读着这些文字，竟然通体冰凉。我被它拖拽着，像个尾随者，一直掉队却并不离开，心甘情愿地沉在它制造的阴森得恐怖、闷热得窒息的气场中，被冰火几重天轮番"淬火"，于他制造的"阴雨长夜"中跌跌撞撞，怎么也走不出来。书读完时，北京的瓢泼大雨破空而来。这种续接再好不过了，仿佛我还沉在黄锦树的雨中，被淋得湿漉漉的，心事沉重却浑然不觉，甚至还有几分小确幸——痛、快，都是真切、可触的。

雨林自身充满神秘、变数、未知、不可测的因子，它的阴、湿、说雨就雨说晴就晴，像脾性古怪的人，构成自身迷人的一部分。同时，它又神圣、凛然，因此敬畏、尊崇必不可少。这样的气息和气质注定像黑洞震慑、吸摄人。原始部落、原住民、长老、土司、神鬼巫、外星人，很容易互为转换、互相通灵，没有共通的语言、特异的礼教和禁忌、令人咋舌和汗毛倒竖的血腥风俗，恰恰是让人心驰神往、血脉贲张的看点。一棵树、一根草、一只小虫，都是祖宗。神明、人类与自然之间互为因果，相辅相成，高深莫测，扑朔迷离。读着读着，竟无来由地想起巴西作家罗萨的《河的第三条岸》，那种决绝、冷峻的气息——干脆说吧，那种颤栗，于我而言，如出一辙。

整体来说，这部小说故事充满陌生感，时空也是模糊的（还写到了日本鬼子），但文学所应有的特质显见，它提供了文学品质与径向的多种可能。在这里，可贵的昭示是，汉语的魅力需要被重新审视。语感时而干脆、时而黏稠，语言质地清洁、晶凝、鲜润、儒雅，大多还原为词语原初的古老意味，却又不乏更多新奇与歧义的外延拓展，仿若翻译体，介于外国文学与中国文学之间的语境，有几分"隔"，却又清新如雨后的葱茏林木，满眼年轻、洁净如水的色泽，代替血液直接注入血管，如委顿、慵懒植物般的你忽然畅快起来，如一条恢复了朝气的河。

　　另外，小说并没有按照线性的时间进行叙述，而是被打乱的。每一篇篇末都标注着写作日期，起初，我以为是若干短篇的合集。但看了几篇之后，才知道它是连贯的，只是整体框架像被重新组装的家居，每一处都匠心独具，每一处都有看头儿，要捉摸多久，随你。又像卷帙浩繁的"山居图"，被人为地混杂在一处，读者需要搭积木那样一块块耐心地拼上。

　　时空穿梭，时序交错。过去，也曾看过结构重组的小说，但这个却很特别：这一篇中，那个人明明已经死了，下一篇中他却活蹦乱跳；上一篇中，两个人分明已经打得你死我活，挥手自兹去，从此天涯孤旅，下一篇中还在最初甜得腻歪的时刻。你看得正糊涂呢，却又不得不重新规划"行车路线"，像车载导航，默默顺着他纠正的意思往下走，差不多快到终点了才恍然明白：哦，这一篇所叙述的故事，应该发生在前篇之前。但你并没觉得有什么不妥，像讲故事讲得撒欢儿的人，忽然停下来喝口茶、点支烟，唠几句不按时序行进的"局外嗑儿"——或者"花开两朵，各表一枝"，再回到"主干"上来，完全不受线性时间、固定时空的禁锢，好像他只"独自沉浸"，只按自己的时间表行事——也没什么对与不对之嫌。形式大多是皮毛、表象甚而无用，只有对世界、人生和生命的清晰传输与表达，才是构建有效母题的通途。正如朱天文在序言结尾处所说："一切的变形，都是上一回灵魂的归来。给人希望，也给人怅惘。也许辛还记得那首马来残诗，诗云如果你是风，如果你是雨，如果你是火。"因此，我宁愿认为，它像大型系列画卷，以整体的意韵令人无声震撼。像个满面尘烟的异域老者，奇服、缄默、不通俚语，而目光依旧灼灼。虽然它的底色一律罩上了悲伤的神情，但并不消沉，也没有刺眼的光芒胁迫你，它有温软适中的独自的亮度。

特别是有些篇什的副标题标为"《雨》作品 × 号"

的字样，让人觉得那分明是一幅幅雨的画轴，悬挂在大自然的画廊中，与自然浑为一体，没有汹涌的人潮，任你一个人想走就走，想停就停。它们像雨的不同截面、不同断章，完全是用绘画的元素和语言解析、重构、演绎、描绘的，漫漶着，氤氲着，潮湿、溽热、阴凉、惊惧，生出无法一一尽述的无限渴望：有失去的人世，有失踪的人类，有默默守着秘宗的热带雨林，有湿滑的茂林丛野中看得见的野兽、看不见的神灵……它们忽而显影，忽而逃遁，来无影、去无踪，深不可测的邈远意境。我不得不哆哆嗦嗦地被它牵着亦步亦趋，像小时候看到电影《画皮》时，被惊悚的画面和音乐吓得浑身颤抖，不得不用手掌捂住双眼，却还忍不住好奇，从指缝中去看那披头散发、吐着蛇芯子般长舌头的女鬼。

还有，第一人称、第三人称的叙述方法在小说中常见，而以第二人称叙述，并不多见。而这本书中，以上三种方法全部涉猎，且有上乘表现。因此，整体看来，它给人一种凭空加了"话外音"的感觉——读者一会儿变身为剧中人，一会儿又是旁观者。于是，他比别人多活了几个"人生"，也比别人更早、更透地看到了生活的谜底。这样看来，它就是一首长诗或史诗，叙述、结构和语言都是诗性的表达——黄锦树是诗人？也许。通过目录之后的引诗，我印证了自己的猜测。这是一首题为《雨天》的诗："久旱之后是雨天，接连的 / 仿佛不复有晴 / 湿衣挂满了后院 / 沉坠着。母蛙在裤角产卵 / 墙面惊吓出水珠 / 水泥地板返潮，滑溜地 / 倒映出你的乡愁 / 像一尾 / 涸泽之鱼 / 书页吸饱了水，肿胀 / 草种子在字里行间发芽 / 书架年轮深处探出 / 发痒的 / 蕈菇的头 / 就像那年，父亲常用的梯子 / 歪斜崩塌地倚着树 / 长出许多木耳 / 大大小小，里里外外 / 倾听雨声 / 风声 / 在他死去多年以后雨季 / 只有被遗弃在泥土里的那只橡胶鞋 / 还记得他脚底顽强的老茧 // 那时，胶林里 / 大雷小雷在云里奔逐 / 母亲幽幽地说，/ '火笑了，那么晚，/ 还会有人来吗？'"

在说乡愁吗？这个本来抱着想哭、寒夜里依偎取暖的词，如今被用滥了。但此刻，我清晰地闻到了草根的清苦，看到了牛粪旁挂满雨珠儿的矢车菊的小脸，听到了我们整日在林中奔跑的童年的风声……

甜蜜的毒

《黑糖》

[法]米盖尔 著

秦怡然 译

江苏凤凰文艺出版社

　　书是有气味的，如人。在浩瀚的书海中，很容易就"嗅"到与自己气息相同的那一个，如人。不用问为什么。说不出为什么。没有为什么。这是直觉，也是宿命——如与人的相遇。遇到《黑糖》即是如此。

　　不知从什么时候起，所有的新书都华丽丽地加了腰封，仿若美人修长的直身裙上加了漂亮的腰带，讲究，吸睛，点燃探究它的种种欲念。每每见到新书透明的塑膜，总会无端地想到女人的隐秘之处——那份好奇与贪婪，真像。

　　但看到《黑糖》的封面，我产生了片刻的迟疑。并不是惯常的腰封上提纲挈领的导引与"颂词"不够引人入胜，而是那深浓的、黑云压境般的褐咖色令我窒息，一下子把我"冻"在了那里——淋漓的色彩没有受到固态的局限，它分明是动态的啊，像白色封面上披头滴流下来的大密度的沥青、溶液，带着迅疾的速度，下坠，无可挽回！下意识地，我想伸手去接住它，或者把书像沙漏一样倒置过来——因为它让我想到：奔涌而下的血。对！——是血！

　　读罢此书，掩卷之余，我知道我的直觉与文本达到某种恰切的契合。我还知道，这本书之所以叫"黑糖"，是充满寓意的：它既是甜蜜的，又是有毒的；既是财富，又是蛊惑；既是物质的，又是精神的。一个家族的血泪史，就于这互相胶合在一起的矛盾和情感中徐徐展开，谁也别想把皮肉和这密不透风的血幕拆分开来——否则，会有更加汹涌的血奔泻下来。财富从血泪中谋得，最后，又血肉模糊地还给了血泪。正如腰封上所言：这是"一部焰火般的小说，味道、颜色、气味、欲望从文字中灿烂迸发，米盖尔的故事将长时间照亮夜空"。

　　用了两天时间，我把十一万字的小说看完，并跟随它时而惊诧，时而紧张，时而开心，时而叹息。那些异域的风光、景象、习俗、生活场景，渐渐在头脑中勾勒出一幅幅生动的画面，人物、事件、风光、呼吸，都立体起来——风在吹，海在摇，火在烧，人羞涩或奔跑……好像这些就在眼前，好像他们是我推门可见的邻居，我不用把半个身子探出窗台便知：他家花园里有个美人儿的雕塑，知道火中取栗一般抢救下来的那个女孩的半张脸上烙着火的印痕。

小说像神秘的"线人"，引我们来到陌生而新奇的北美洲。像高清地图的放大功能，上北下南左西右东，电子地图转啊转，最后定格于一处甘蔗园环绕着的小村庄——它不招人待见，连乳名都没有。大摇臂的镜头最后聚焦在一艘搁浅的船上——往上看！它在树上。

那不是一般的船。它是三桅帆船，船上不仅有十八门大炮，还有军官、独眼苦役犯、被枪托砸碎牙齿的黑奴、无法动弹的摩根船长……还有扁豆、腌猪肉、蜂蜜、活的海龟、指南针、祈祷书、烫金的旧海图、罗马的地球仪、名画、军刀、十字架、喷火的子弹、生锈的镰刀……更重要的，还有马德拉葡萄酒、乌鲁古群岛的丁香、暹罗的象牙、孟加拉的开司米、帝汶的檀香、马拉巴的胡椒、拉丁语传奇故事书、绸缎、珠宝匣、十二颗银钉封钉的橡木箱子、带羽毛的帽子、天鹅绒长筒袜、女士短裤、木制假腿、上百个埃居、委内瑞拉金币……"死亡应该有一个价格。"是的！笨重的船体压倒树冠，残骸沉向海的深渊，腾起的烟尘吓跑周围的动物……财宝、帆的碎片、海盗的尸体和他们遥远的发财梦，被完好地封存在加勒比地区的腹地。

下一个镜头：三个世纪过去了！沉船附近的村子孤立于森林边缘，村民们与世无争，过着自给自足的生活：牛奶被送到家门口，根据鸟的飞行校对手表，山谷里长着向日葵、番石榴树、香蕉、甘蔗、咖啡。他们祖祖辈辈慢悠悠地收割玉米、推磨、放牧，也慢悠悠地生老病死。他们的花销不大，金子没有铁受欢迎。虽然一场雨就会使道路泥泞，山坡上的房屋歪歪扭扭，但种植园主的住所仍有铜质的大门，面朝种植园的阳台镶着栏杆，空气中飘荡着甜香混合的木头的气味，老橡树为他们的房子覆盖上一层皮革色的光芒。这时，主人公西结·奥特罗一家出场了——

奥特罗是一个生活简单的人，不喜欢旅游、不讲究排场，穿着系麻绳的草底帆布鞋，皮背带上佩着砍刀。他的身心放在农场上比较多，他要收割甘蔗，酿成朗姆酒或熬制成黑糖。女主人是个在毛衣袖子里藏着象牙十字架的人，不苟言笑的修女。就在他们年纪很大、对下一代已不抱任何希望的时候，独生女儿赛琳娜降生了。

赛琳娜从小就把自己关在比家居陈设更陈旧的小世界里。她沉默寡言，不与小朋友们一起玩儿，整天蹲在窗前望着草坪发呆。不过，她喜欢观察景物，收集植物标本。她渐渐长大了，身上没有一点儿农妇的呆木之气，也反感成群的仰慕者，她叛逆的灵魂只想看到不一样的风景。然而，平俗的生活能有什么新奇？让她开心的事只有一件。她家有一台收音机，那几乎是全村最现代的物件。晚饭后，爸爸抽烟斗，妈妈织补衣物，她收听那些来自远方的声音，并因此对《每日新闻》里那个专业通灵者充满好奇。她用假名"玛利亚"不断给一个假想中的陌生男人写信，大约向电台投稿五十多份，充满激情地向他敞开心扉。直到她从电波中听到自己的许诺：她的心已泡在朗姆酒中，作为奖励送给喝酒的人。

几个月过去了，11 月 1 日是个雨季的夜晚，距她第一次写公告已过去一年，台阶上忽然响起脚步声。一个老妇人迈着衰老的脚步走向他们旁边的空屋子。老妇人年年如此——她手提一只空桶，宗教般虔诚地在特定的时间进入屋子，并在房间里待上几个小时——这是老房主在哀悼她死去的丈夫。

过了一个星期，奥特罗正把甘蔗装车，一个二十多岁的瘦弱男子来到他的近前，请求帮他干活换一杯酒喝。这个人叫西维罗·布拉卡蒙特。从此，这个看起来很丑的男人以自如的谈吐、机智的应答赢得了奥特罗的好感。他从包里摸出一些文档复印件、手绘草图，向奥特罗讲述外面的世界。很快，他们达成共识：如果奥特罗一家收留他，他找到宝藏的话可分给他们一部分。奥特罗当然高兴。可赛琳娜对西维罗并不感冒："父亲，宝藏用不着天才来找。"这并不影响西维罗。他像个炼金术士，整天把自己关在小棚子里研究岛屿与地图。

一个月后，西维罗开始向茂密的森林进发。不过，他始终没有找到宝藏。但有一天，他挖到了一尊古雅而精致的狩猎女神狄阿娜的雕塑。此后五十年，这尊雕塑一直立在奥特罗家的门口。西维罗并不气馁，他又弄来金属探测器，赛琳娜出于好奇跟他一同去找宝藏。西维罗念着像诗一般的乡间歌谣，她竟被迷住了。从此，赛琳娜主动跟着他，在充满甘蔗的甜味和干草的气息中，他们不停地滚来滚去……爱，胜过要寻找的金子。

眼看着他们好事将近，旱季的一天，奥特罗突发脑出血去世了。不久，妻子也随之而去。几个星期后，他们结婚了。赛琳娜雇了实际上并不需要的女仆，她的脑子里想的多是去参加有意思的晚宴，过像模像样的上层生活。可是，他们盼望中的孩子始终没有到来。

后来，他们的牛、羊、酒的数量成倍地增长，他们开始招募职业制桶匠。一个叫安达鲁的人骑着黑马，闯进了他们的生活。安达鲁带着一辆装满牛皮纸书的骡车，这个六十多岁的西班牙人，衣着得体，举止有度。他与他们谈论木头、铁，橡树的孔隙度，解释氧气对酒的作用，还讲他的远足，亲切，考究。结果当然可想而知——他被聘用了，而且他们还决定一起去寻宝，五五分成。

赛琳娜三十岁了，没有孩子反倒让她生出母性。看到别人的孩子们在玩，她会忧伤地望着他们。那些孩子的欢笑、哭泣声弥散在空中，令她担心——他们所有的风吹草动，都要让她的心"揪"一下。而真正揪心的事儿，不久真的到来了。

有一天，树枝噼啪作响，空气中充满焦糖的气味。一匹马受惊了，它的蹄下滚过黑色的一个东西。她正狐疑，却见狗叼着一只鞋盒向她奔来。鞋盒里竟然睡着蜷缩一团的什么"动物"——她仔细看时，那个"动物"竟是一个才出生不久的女婴。女婴撕心裂肺的哭声惊动了她，这个只有半张脸的女孩成了她的女儿。巧合的是，第二天，制桶匠安达鲁便离开了那里。

接下来，赛琳娜像珍宝一样呵护着她，叫她爱娃·富埃戈。她没有白疼这个小"动物"。爱娃十岁时，已学会如何为酒建档；十二岁时，学会如何混合不同年份的酒液。到了来例假的年龄，她已壮硕无比。她有忧郁的气质、炭一样的性格。她十五岁时，像别的孩子二十岁的模样。她二十岁时，已看不出年纪。骑马、驯兽，她身上有一种飞扬的、兽性的魅力。她曾试图从村子里其他女人那里找到自己出生的秘密，与此同时，她再也找不到与父母之间的默契。"不管怎么样，我是你妈妈。""你不是我的亲生母亲。"两个女性之间的谈话变得如此尖锐。

忽然有一天，西维罗发现院子里的女神雕塑没有摆好，就用胳膊去抱它，想把它摆正。一声恐怖的尖叫之后，西维罗的脑袋像从中被劈开的苹果，血流如注。挣扎了一些时日，西维罗死了。几个星期后，公告摄影师马特奥来了，他开着黑色的汽车，令全村沸腾。他对赛琳娜谈阅读、旅行、女性权益立法，让她痴迷。马特奥给她拍照，她留他住下来。后来，她干脆跟他走了……

话说留下马特奥那天晚上，爱娃做晚饭。杀鸡时，她发现了鸡嗉里的金子。之后的几天，她敏锐地跟着鸡舍里鸡的行踪找到了宝库的入口——那正是老妇人每年11月1日待的房间。黄金塑像、八百磅的胸针、镶钻石的祭帔、墨西哥王冠、宝石、罗马徽章、枝形烛台、钻石的钟表……仿佛整个大陆的珍宝都在眼前。原来，四十年了，他们一直睡在日思夜想的宝藏上面而浑然不知。从此，没有祖辈、没有继承人的爱娃，成为土地、甘蔗、老磨坊、工人和宝藏的当然拥有者。

爱娃从未那样"大度"过。她开始修路、修园艺、修墓地、修船闸、修水磨，捐电车线路，给镇政府赠挂钟、建制糖场、连锁酒吧，为教堂铸造青铜钟，清理河道、扩大生产……她的农场，跑马一圈要几个小时。除了这些，她还搭建戏台请人唱戏，找人设计最好的葡萄酒商标并迅速成为当地饭店的第一供应商。她兜售股票，聚集股东。同时，她出入要带贴身卫队，农场的门口设哨卡，她还通过一盆水的水纹远程监控工人的工作情况。入夜，在屋子里孤坐，没人知道她的裙子下面藏着一百个金币，更没人知道她把一百公斤黄金夹在两腿之间，带着傲慢入睡。不久，她开始抛"烟雾弹"，让众人搜集关于宝藏的信息。看到几十个大男人满山遍野插小旗、布铁丝，她无声地笑。三十五岁时，她活得像个王。

有一天，爱娃宴请当地的达官显贵，并购置了中国烟花、瑞士巧克力、黎巴嫩点心、天鹅肉、牡蛎、莫奇马章鱼、燕窝、生巨嘴鸟肉……肉林酒海，珍馐美味，宴会的豪奢程度无法一一尽述。丝篁齐鸣，音韵缥缈。午夜时分，宴会达到高潮，爱娃派一仆人去取烟花。烟花放在沿墙根一排排堆叠着的酒桶旁，醉醺醺的仆人举着一支蜡烛颤巍巍地去找烟花，可是，蜡烛的火星儿掉在酒桶溢出的液体上，顿时，爆炸声冲破夜空，火光冲天……一切化为灰烬。那片已被养肥的土地再也长不出什么了，空气呛人如农药，河水枯竭如饥肠。大火弥散在空中形成的黑云盖子，又过了三年十个月零五天之后才慢慢消散……

爱娃呢？她被湍急的水流卷走，人们再也没有看见她。关于她的下落，幸存者演绎出无数个版本。

这时，赛琳娜回来了。马特奥抛弃了她。

赛琳娜看到眼前的破败景象，与失恋差不多一样伤情。她信步来到原来的房子，却发现房子尽头老妇人的房门大开着。她走进去，在阴暗的光线下发现了一个蠕动的"动物"——表皮颜色比青铜还深，鼻子只是脸正中的两个洞儿。她走向近前不禁尖叫一声——她认出了那个睡在铺满祖母绿、红宝石的松脂床上的"动物"，竟是爱娃。她的周围是无数的银币、锦缎，成袋的黄金……

几天后，爱娃死了。赛琳娜把门关上，像那个老妇人一样，手提一只空桶，为女儿和两任丈夫哭泣。生命中唯一留给她的，就是那些宝藏——而那些夺目、夺命的东西，她从未想过拥有，是命运硬"塞"给她的……

这是一部关于土地、自然、财富和爱的小说，不仅映射了北美洲的历史和现状，更为所有生命的周期，发生和消亡、成长和异化，描绘了一幅灿烂的图谱，既是史诗，也是寓言。主角的命运带着土地浓烈的气息，命运让他们寻觅而又放弃，聚拢而又分离，他们的命运几乎成为那个国度的象征。

这是一个具有魔幻现实主义色彩的故事，充满魔咒，是"如马尔克斯般的天才之作"，如淘金者和海盗本身带来的曲折和冒险。"语言辽阔而细腻，炽热而饱满，发生在世界的一角，却足以包罗万象。"作者米盖尔的第一本书《奥克塔维奥之旅》甫一出版便入围龚古尔文学奖，本书是他的第二本著作。

这是一部"诗性"小说。每一句用词都如诗一般干脆、简约。在阅读中，我恐怕落掉一个字——也许一个字，就改变了时局的走向；一个词，时光就过去几十年。而且，全文的体例是在每一自然段之间都空出一行，这样使书页变得疏朗，阅读变得轻松。那些空白处仿佛是诗的回行，更加强了全文的诗性。

诗性意味着小说结构的松散吗？说小说的故事性不强是不准确的。但它的确寥寥几笔便把一个重要的事件带过。纵观所有，在笔墨的铺陈上，各个时段几乎份额相同。甚至，在描写极端情绪状态时也很"节俭"。另外，我觉得小说的后段写得有些仓促，女儿忽然长大，没有经过任何训练就已掌握了冲向社会的"十八般兵器"，这样的过程略显突然。不过，这些并不影响它是一部"伟大的小说"。

爱与勇气的大海童话

《世界尽头的歌声》

[英]汤姆·埃弗里 著

[英]凯特·格罗夫 绘，刘颖 译

北京联合出版公司出版

"大海深处的歌声，指引一个男孩驶向梦想之岸……"这是汤姆·埃弗里送给世界的美妙"歌声"。汤姆·埃弗里是美国银行街教育学院最佳童书奖得主、白鲸国际大奖获得者。他用清澈如海水般的语言，海潮涤荡般的旋律和节奏，献给读者一首动人的"大海之歌"，让世界上不同种族的大人和孩子着迷。

汤姆·埃弗里生于英国伦敦，成长于一个庞大而古老的海盗之家，是"海盗之王"亨利·埃弗里的后裔——看到这儿，我吃惊非小，毕竟"海盗"之名如深不可测的海上风暴，使人心顿起失重的旋涡。不过，先收起你的"步步惊心"，来看这位深谙儿童心理的教师带给我们什么样的惊险与刺激吧。当然，家庭背景给了他额外的视角，使他的作品自带强烈的奇幻风格与冒险精神。另外，他的两个儿子，是不是也成为他作品的创作灵感和直接源头呢？

书的扉页上，有这样四行字：

> 谨以此书献给我的妈妈，
> 是她培养了我对书籍的热爱。
> 也献给我的爸爸，
> 是他让我迷恋上了《星际迷航》。

这字字珠玑更印证了父母在孩子成长过程中无法估量的巨大作用，童年的教育终将如影随形人的一生。

我觉得汤姆就是书中的主人公，是十一岁的孪生哥哥杰米，而不可能是又瘦又小、像六岁的孪生弟弟奈德。其实，他们来到世间相差只有八分钟。在书中，孪生兄弟杰米、奈德居住在英吉利海峡中的一个小岛上。他们本已到了上学的年龄，但因为奈德生了一种叫"囊胞性纤维症"的肺病，无法正常上学，于是，他们像连体婴儿一样双双休学。整天忧心于奈德疾病的采石工爸爸教他们数学，妈妈教他们语文，海员爷爷教他们地理和历史。特别是爷爷讲的人鱼、探险家、海盗的故事以及种种传说，常常让他们听得如痴如醉。他们甚至希望从中为奈德的生命带来新的奇迹。

这本书读起来很顺，不会因为要记一长串的人名、地名和满场窜来窜去的人物及其亲缘关系搔断几根头发。住着孪生兄弟和父母的那条小街上，只有另外三个孩子：他们的同班同学蒂布斯、露西及露西的弟弟彼得。大人嘛，有露西做警察的爸爸泰勒和另一个同名的先生。还有一个被他们称为"长舌妇"邻居的克拉克太太——连克拉克都没有出现。这对数学不太好、头脑简单的读者如我来说，真是再好不过的福音了。

平日里，去海滩上捡拾被海水冲上海岸的"宝贝"是兄弟俩最喜欢的"探险之旅"。其实，"宝贝"也不是什么金银珠宝，而是牛头骨、骨雕小鲸鱼、船桨、缺腿儿的椅子、半架自行车、一只旧鞋、过期的罐头等杂物。可他们却欢喜地把它们搬回家，存入爸爸的车库里。每一次，他们都喜欢像模像样地模仿电视节目中的台词并顺理成章地演绎为："欢迎来到奈德和杰米的探险旅程！"再配上精彩的开场白："走向人类从未涉足过的世界。"

有一天，他们在海边发现了一个软软的、滑滑的东西，它闪着光泽的深褐色，肉嘟嘟的，还长有鳞片。他们给它取名"人鱼小子莱昂纳德"——这名字来自他们喜爱的《星际迷航》中"进取号"宇航员的名字——他们把长着两只凸眼睛、细长手脚的怪物抱回家，养在车库的大浴缸里。他们的心思从此便系于那个嘴里会发出"咔嗒咔嗒"声音、从未见过的神秘生物身上。他们为它疗伤，送鲱鱼或贻贝等食物。

虽然行为相同，兄弟二人对怪物的感受却不同。杰米惧怕它，奈德却天然地与它亲近。当奈德剧烈咳嗽时，它会用弄不清是手还是脚的蹼抚摸他的胸膛——似乎奈德与它之间，有着比兄弟俩之间更多的默契。

入夜，兄弟俩就要睡下了，却听到了莱昂纳德的歌声！"那是歌唱大海的声音，波涛汹涌，海风呼啸，浪翻千里。"之后，兄弟俩躲开父母的视线，不仅去车库给它送食物，还带它去海边放风。有一次，他们干脆趁着夜色在自家花园里让莱昂纳德出来透透气。可能那怪物憋闷太久了，一高兴又情不自禁地唱起歌来。歌声让他们想起爷爷讲过的故事，想起故事中珀尔拉向爱人大长本告别时唱起的那首歌。随着歌声，更加不可思议的事发生了！奈德也开口一起唱了起来——他和怪物唱的不是两首歌，而是一首二重唱。他们的声音竟然结合得那么完美！杰米的恐惧油然升起——我马上就要失去弟弟了！

正当他们沉浸在亦真亦幻的世界之中的时候，歌声惊扰了"长舌妇"邻居克拉克太太。她不再像从前那样去向兄弟俩的母亲告状，而是直接报了警。当警察到来时，他们灵机一动，谎称那怪物是"暹罗猫"。但他们知道，莱昂纳德离开的时刻马上就要到了！

一天夜里，雷电交加。杰米从炸雷声中醒来，探头望去——上榻的奈德不见了！那个穿着三四层衣服还怕受凉犯病的孩子，在那种极端天气里却不见了！杰米的脑子嗡响，比炸雷还响——他能去哪儿呢？

风雨仍旧飘摇、肆虐。在通往海滩的路上，杰米看不见奈德，却能听到他的咳嗽声。兄弟俩像赛车手一样，一路泥水地一前一后紧紧相随。他们的后面是警察泰勒紧紧相随。情急之下，奈德把自行车丢到半路，他和"人鱼小子"一起消失在一块礁石的后面——不知道是他不小心落水，还是自己主动跳下去的，抑或是"人鱼小子"把他拖下水的……

奈德被送进了医院，却并没有因为风吹雨淋犯病入院而萎靡，反而欣喜地对哥哥说："你真应该也到水底下看看，大海深处太不可思议了！"

过了不久，奈德的病床再一次空了！没人知道他去了哪里。爸爸拉开房门的一瞬，隐约传来飘荡的音符，杰米一下子明白了——在狂风暴雨中，杰米拼命地向海边跑去，爸爸在后面拼命地追赶。

在一个岔路口，他们看到了奈德的自行车——重云乍开，再看前面不远处，湿漉漉的礁石上，随着波浪跳动着两个湿滑的身影。他们趴在礁崖的边缘，一声炸雷淹没了杰米的呼喊。只见两个细瘦的身体一起跃入海中……世界一片沉寂。

杰米紧随着跳入海中。可是，他看不到奈德所说的"不可思议的大海"，他只有窒息般的恐惧！

奈德终于走向自己的归宿。当杰米按下在医院里陪伴奈德的随身听的播放键时，里面传出了雷雨交加、海浪翻滚中奈德的声音："杰米，我要走了……"

海岸巡逻队在海上搜寻了一天一夜，也没找到奈德的踪影。杰米浑身颤抖，不是因为冷，而是因为生气。他觉得他们兄弟俩共同的"探险之旅"，变成了奈德的单独行动！直到爷爷温和的劝慰，才让杰米释怀。他忽然想起奈德曾经说过的话："多数故事的结尾都是放手……"

不到十万字，是个简单的故事，却有着令孩子们瞪大眼睛痴迷的种种元素：传奇、志怪、探险、神秘，更有着勇敢、爱、奉献等孩子世界乃至人类世界值得永久传诵的命题。全文读起来顺畅，按时序发展，中间夹杂着爷爷讲述的海上生活与真假莫辨的传说，使小说蒙上一层如风似雾的梦幻云霓，如缥缈的歌声似有若无，如太虚幻境，如时空穿越，自带吸摄人的魅惑力量。

书中仅有的几张绘画是黑白简约版的，类似版画或剪影，仿佛来自过去，仿佛定格时光的镜头。因此，我并不知道怪物莱昂纳德的歌声究竟如何动听。但正是这个看似模糊不清、实则至关重要的"药引子"的出现与消隐，救治了奈德——也许世界本身便充满不确定性，它不可解析、不可更改，却如人间万物上下一以贯之，如初蒙的世界居于洪荒宇宙之中——与浩瀚的宇宙相比，一座山、一根草、一头鲸与一个人，都是约等于无的一粒微尘，也都是大到无限的庞然大物。它们互相依存、相互作用，相克、相容，互生、互灭。像一首诗吟咏的那样："我对这个世界动情，不一定是因为具体的你，却确实与你有关系。"

若说隐隐的遗憾，我认为结尾部分描写得过于细致了，似乎可以更简约一些——当然，我是作为写作者的挑剔目光，去"鸡蛋"里找"骨头渣儿"的。因为，当我看到奈德和"怪物"双双入水时，情绪已饱满、伤感已抵达。接下来，仿佛"乐曲"达到高潮之后，便是"弹道"滑翔的过程，完美的自由落地运动——或者说，如果此刻急刹车，可能会产生路面与车轮尖厉、刺耳的磨擦声，还会有长长的刹车线，但谁能说这样的"刹车线"不是另一种"有效的"诠释意义的破折号呢——

不过，这并不会遮蔽文本自身的华彩，不会使空气中海水的气味消减半分。特别是精练的对话、干净的描写，像清爽的绿色封面，海水般令人胆怯而陶醉，不知不觉，这矛盾的情愫便跟随着奈德和莱昂纳德，游弋、起伏于海草飘摇、鱼蟹纷飞的深深海洋中……

铁窗生活「指南」

《格雷巴旅馆》

[美] 柯蒂斯·道金斯 著

吴超 译

百花洲文艺出版社

在美国，如果谁进了"局子"，人们会说他去了"格雷巴旅馆"。究其起因，确实有一本关于监狱内容的书叫《格雷巴旅馆》。具体地说，这个监狱就是美国密歇根州卡拉马祖监狱。那么，它为啥这么有名，这本书到底写了什么？在那儿的重犯囚室里，究竟发生了什么？

说起"监狱"一词，犹如这两个汉字本身，会让人想起暗无天日的牢房、铁栅栏、森严壁垒的高墙、铁丝网、高高的岗哨、持枪的警卫、四处摇晃的探照灯；就会想到忏悔、眼泪、撕心裂肺、家破人亡、攻讦、阴谋、血腥……这是常人无法涉足亦避之如毒蝎之处。但是，当我告诉你，这本书是由作家与囚徒合而为一的特殊人物写就，你会不会惊愕得合不拢嘴？先别忙，给你个思想准备。这是真的！而且，这个特殊人物就是本书的作者：柯蒂斯·道金斯。没错！这本书相当于他的狱中自传。

可是，他并不是天生的囚徒——当然，有谁一生下来就是囚徒呢？他之前看起来更为优秀。书中的作者简介写道：柯蒂斯·道金斯，在美国伊利诺伊州的乡村长大，曾就读于西密歇根大学的创意写作专业，并获得艺术硕士学位。

这并不是忏悔录，而是具有黑色幽默品质的特殊文本，是一本特别的书——不仅作者特殊，小说里的人物也特殊——全是美国监狱的在押犯。柯蒂斯的表达方式也特殊。在他的笔下，原本罪恶的渊薮、灭绝人性的罪犯，有着另外不为常人所知的面貌。但也不是说，他用语言粉饰、变通了一切，使十恶不赦的种种罪行化为乌有。

在他的视野中，罪恶与人性、自由与孤独、绝望与希望、权力与谎言、冰冷与欢乐、爱与恨、情与仇……都是真实的，也都是残酷的。虽然媒体称其为柯蒂斯"监狱文学的处女作"，并称其"因视角和身份特殊，受全球关注"，可是我还是不太愿意接受这样的说辞。"监狱文学"这个概念是偷懒的，更是可疑的——文学就是文学，凡是作为修饰语的定语都是不准确的。我们抬个杠——难道还有"矿井文学""医院文学""大酱厂文学""义肢基地文学"吗？引申开来，还有"海盗文学""流氓文学""黑帮文学"吗？对于有洁癖的人来说，一个不洁的词语如同一枚沙粒，混在米饭里、眼睛里，都无法容忍！

唉！算了！往下看吧——

不过，说这是一部像《肖申克的救赎》一样引发全球关注的作品，我是同意的。至于作者到底因为什么入狱，我竟忘了——因为看完小说已有几天了，其间，还有柴米油盐诸多琐碎事儿要处理。另外，还要乘车、写工作计划、开导被误解的朋友。这无伤大雅的小事儿忘就忘了吧。反正，柯蒂斯入狱的"副"产品——他创作的"主要"产品终于打包上市了，而且"动静"还不小。

他们还说，是"监狱的生活激活了他的写作才能"。事儿是这么个事儿，理儿也是这么个理儿，但我总觉得听起来不怎么顺耳。不过，老百姓所说的"书没有白念的"倒是真的。你看，创意写作专业的科班生，又有亲身体验，其文字具有独个的特质是"没跑儿"了！所以，能写出这个新玩意，还是可以理解的。

但是，整部小说读下来，我觉得他像打入敌人内部的卧底，用平行的视角仔细观察着那个平常人无法进入的世界。他身兼两个角色，一边参与囚牢中的生活，一边只眼参透人性的世界。他在两个世界中自如地穿梭往来，颇有点儿柔韧有余、手到擒来的轻巧之感。

在他的笔下，那些比铁窗还冰冷、比数字还僵硬的失去姓名的人却有了体温，都栩栩如生地"立"在了读者面前：癫痫老莫为了让朋友记挂，画了一张监狱详细的地图，却被怀疑计划越狱；总是叫嚷肚子疼的男人"花生"，却原来是个怀孕的女人；喜欢信手翻黄页电话号码本，给陌生人打电话的不可思议的"我"……都触手可及，痰嗽之声可闻。

他们像诙谐、幽默的书封一样，灰淡的色调、卡通的人物造型、规规矩矩的数字和直线，正如他们失去色彩、没有自由、木偶一样的生活，是"正常人生"中的"严重失误"，是完美生活中腐烂那一部分、脱轨那一部分，之于他们的人生，是海莫如深、完全可以忽略不计的一部分。

那些画面、情绪，既有调侃又显心酸，既无奈又隐忍——噢，找到了！柯蒂斯是因为谋杀被判终身监禁——像"不可挽回"之后的磨磨蹭蹭，像没有希望之后的死心塌地，反而呆坐于角落，冷眼旁观随时上演的一切。

"地下的泉水开始沸腾，野马开始狂奔。"这是他看到女人莉莉时的感觉，也清晰地显露出：即便境遇如此不堪，他依然热爱生命和生活。所以，有评论者认为，很难分清字里行间哪些是真实的，哪些是建立在真实上的想象，"身如潜水钟而心如蝴蝶，文字是蝴蝶的翅膀"。他们还说："文中轻盈的喜悦与神秘的想象无处不在，他们是被囚禁的，但他们是乐观的。"嗯，这句说得过去。

小说好坏可以原谅，而罪愆不可更改！书看完了，在一片叫好声中，我想到的是：柯蒂斯会不会因为这部小说改变命运？或者干脆说，既然这部小说成功了，那他还要继续他的"铁窗"生涯吗？这似乎是一个傻问题。情与法，从来都是水火不容的。

不管怎样，柯蒂斯说，至今他仍在内疚与懊悔的旋涡中挣扎求生。他的心里时常充满悲痛，像要爆炸一样。可是，倘若每天二十四小时听到最多的是牢门关闭的声音，要么在追悔过去中痛苦地死去，要么学会活在当下。写小说，于他就像落水者抓住了救生船，随着它漂过重重迷雾。

末了，柯蒂斯感谢了一堆人。他还感谢了全美上下不计其数的囚犯。他说，是他们给了他创作灵感。"愿我们所有人都能获得宽恕、自由和宁静。"他还说，从写作中获得的每一分收入，都将存入他孩子的教育基金。无语。也许生活本身就是这么纠缠着，牵一发动全身。

献给无名酒鬼的颂诗

《在美国钓鳟鱼》

[美] 理查德·布劳提根 著

陈汐、肖水 译

广西师范大学出版社

封面是咖啡色的。书名、作者及译者，字体皆为黑色。加上银色的鳟鱼，再加上一张摄于黄昏的照片、盖着 1960 年邮戳的邮票。这些色彩和物件就够了，足以把你送回怀旧、嬉皮、隐喻的世界。随文字再往里走，肯定会有啤酒、爵士乐、手臂刺青或穿搭花衣服的黑人、粗大的缆绳或锚、沉船木的吧台。总之，它像一块咖啡糖，甜味不多，倒是小酒馆里迷惘、自由的味道多一些。

"在美国钓鳟鱼"，是谁说的话？是一个引子、楔子？还是什么隐喻？抑或作者灵魂形象的外现？在当当新进的一批"货"中，翻翻这、看看那，我还是禁不住"美味"诱惑，首先锁定了这条"鳟鱼"——

扉页写着这本书"献给杰克和罗恩"，这两位都是布劳提根的好友，也是诗人。杰克是布劳提根的导师和知己，极其迷恋钓鳟鱼，他们经常交流此中体会。也许正源于此，此书才得以孕育、面世？

全书的正文从封面说起。封面照片是旧金山华盛顿广场上本杰明·富兰克林的雕像。雕像基座的东、西、南、北面各写着"欢迎"字样。雕像后的三棵杨树叶子几乎落尽。隔街相望的是十字架、尖顶的大教堂。大约下午5点，饥饿的人们涌向教堂，领取为穷人发放的三明治。一个朋友慌慌张张地领回的三明治面包之间，只夹了一片菠菜叶……

接着，围绕"在美国钓鳟鱼"这一固定词组（姑且这么称呼吧），一场天马行空、妙趣横生的周游，隆重地开始了。

1942年夏天，"我"的某个继父第一次讲起了"在美国钓鳟鱼"——文学的切入口从童年开始，一般是不会出错的，犹如在一个甜橙上找到它的脐——那个老酒鬼把鳟鱼描述成珍稀、智慧的金属。或许"鳟鱼钢铁"不错，用它炼成钢，建造房屋、火车和隧道。呀！我一下子就"满眼星光"，好像鳟鱼捻制的银质星星在眼前晃动。这想象和比拟太可爱了！绝了！

接下来，想象力一路发飙、开挂，你完全可以充当拖车的末一节"挂斗"，随着它一会儿在天上飞，一会儿在海边游；一会儿对土狼致敬，一会儿研究联邦调查局的通缉令……但不管是哪个酷炫的场景，都离不开喃喃呓语般的这句话。先来听听内文的小标题名字，你就可以知道它是如何"上天入地"的了：《敲木头》《红唇》《"酷爱"饮料成瘾者》《沙坑减去的约翰·迪林杰等于什么？》《驼背鳟》等等。

即使是钓鳟鱼，他也能花样翻新，一会儿在汤姆·马丁溪，一会儿在银溪，一会儿在墓地溪。与之相关的故事于是也拓延到同名的宾馆、电影，笔尖，病人及有三十间房子的独居老女人，还有像模像样的尸检报告（并让它搭乘轮船从迈索隆吉翁到达英国）。他的钓鱼日记一会儿是客观呈现——只写"每次钓鱼次数和逃走的鳟鱼数量、每次钓鱼平均逃走多少条"；一会儿俨然变成食谱，具体到制作核桃酱的方法、糖渍苹果拼盘、馅饼酥皮……语句新鲜、突兀。"人生只有两途：要么开办一个跳蚤马戏团，要么把自己送到精神病院里去。""有钱人的名字则被刻在法式大理石冷盘上长久流传，而他们自己像一匹匹马似的蹦跶着，踏着金子铺成的路，跑上天去。""十六岁的时候，先是从陀思妥耶夫斯基那里，然后是新奥尔良的妓女那里，他彻底明白了人生是怎么一回事。""在20世纪20年代，钱能让人看得更远，可以看见鲸鱼，看见夏威夷群岛和中国。""他的驴子被做成肥皂。""他的情妇们成了满是皱纹的鸟巢。""它让我想起了伊凡吉琳的阴道，那是我儿时的梦想，也是我长大的动力。"等等。如此抄下去，真不是我的风格。但这一次，我还真有一种"刹车失灵"的感觉。

故事时而有关联，失去双腿离开小镇的矮子，忽然又回来了，后来走没走不得而知；时而又关系全无，忽东忽西，相距十万八千里。像敞着口的酒瓶，酒精的浓醇散在空中，在哪儿都让人嗅到酒的气息。他带着读者随时翻越过山车，炫技，做鬼脸，像个调皮的孩子，如：把鳟鱼掐死，"在它死之前，好歹让我帮它死得舒服些。这条鳟鱼需要喝口酒"。于是，灌了它一大口波特酒。

"出售二手鳟鱼溪，好品质，看了才知道。"我睁大眼睛想看看，被明码标价的小溪是什么模样。然而，没有！他诡秘地只说小溪要论英尺卖；如果买的鳟鱼溪满十英尺，还可以免费赠送昆虫。它们是从科罗拉多搬过来的，鳟鱼也随小溪赠送。当然，溪水里到底有德国的褐鳟还是彩虹鳟，要看运气。可是，他"这辈子从没见过那样的鳟鱼溪"，所以，是不是不舍得让读者看见？他只说小溪被截成不同的长度堆放着，十英尺、十五英尺、还有边角余料。只是看到小溪清凉而舒服，用手试了试溪水，看到小溪周围的树、鸟和动物。也许他的耐心并不在此。

他还写达·芬奇发明了同名的、旋转的钓饵——钓饵的名字叫"最后的晚餐"。不出几个月，钓饵在美国卖出千百万只，连一条鳟鱼都没有的小国梵蒂冈还订了一万只。三十四位美国前总统一致称赞"'最后的晚餐'超乎我的想象"。

"我们在汽车的后备厢里塞满了生火的木柴，我抓了一大堆这种'落叶'作为晚餐。它们都细小、黝黑、冰冷。秋天于我们有恩。"如此有魅力的语言，"情怀"二字更为魅力添了一把"干柴"。

他不属于严格意义上的宏大叙事型作家，这本书相信也不会入某些"官方"的法眼，有人读后会认为他不知所云，毫无章法。没错！他的作品注定属于极其有限的"少数"。正因此，他的作品又成为不可错过的"清新芳草"，有野味，有余味，在自由处生发，无阻无碍，无遮无拦。仿佛那些故事和人一直住在他的心房，是他流血的伤口、结痂的硬伤，只需开口，其前世今生就会缓缓走来，悉数登场。

奇思妙想是孩子的，似笑非笑坏坏的表情是青春期问题少年的，智慧和经验却是身经沧桑世事的老者的。这样一个"怪胎"、一种特殊的碳水化合物，你永远也不知道他会创造出什么可能，不知道接下来的一秒他会贡献什么惊人之语。哑然失笑或笑出眼泪，独自击掌或不安走动，都会发生。有的文字（姑且不说它是小说、散文抑或散文诗），它的气息就是诗，是哲学。不能太长，否则，容易使脑袋抽筋儿。太咸，失却本味。三两句化入高汤，刚刚好。

纯粹、干净的文字，如被雨水洗过。几乎没有生僻字，但它留下的空白太多了，留白太大了，像中国的水墨、书法。对于每一个字，我都不肯放过——这与我读《过于喧嚣的孤独》时的"来劲儿"似有所同。他隐约的性情，又让我无端想起卡佛。整整三个小时，我窝在沙发上一动未动，目光灼灼地跟着他亦步亦趋，向未知处探究。好像他是魔术师，他的黑色燕尾服、黑礼帽、魔棍、白手套，眨眼之间就换了人间。有时，我实在忍不住，竟"嘿嘿"笑出声来——对！它的整体风格就是这样：新奇（有那么一点点怪异）、轻松（又为他具体的困境揪着心）、陌生（不在我们的视野之内，却又不出预料之中）。笑着笑着就停下了，分明又涌上几分心酸——不过，总归有什么隔着。时代？人种？应该是境界吧。"他的幽默是从绝望中来的，因而往往带着一点疯癫、残酷的意味，总围绕着死亡打转，却又不失轻盈，有时仿佛童话故事中天真、无辜的话语，有时十分滑稽，令人捧腹。"

这是一本有气质、有性格的书。我喜爱这类文字，繁复而不烦杂，简约而不简单。有一点儿生分，正可以满足对新鲜事物的好奇心和"窥视癖"；有一点儿难过，吃饱了撑的，正可以找枚钉子泄泄"气"，提醒自己不要饱食终日，浑浑噩噩；有一点儿解渴，正适合推开窗子透透风，吸几口夏至浓淡适中的青绿，清肺、提神。通过戏仿、讽喻、黑色幽默，最终抵达绝望。他说："这是我献给那些无名酒鬼的颂诗。"不曾因绝望而发笑的人无法领会。

正如导语所言："不曾因绝望而发笑的人不会懂得。"不懂他，还是不懂这个世界？"借助它（某种元素），一个人有希望看透强加给他的一切是无意义的，而这无意义又蕴含着一种美，残酷而神秘。这种元素，通常被称为悟性、诗性、灵性。没有它，一个人将与自由无缘。"布劳提根的作品，即此种元素的催化剂。导读中还说，他对比喻及隐喻的运用不像一般诗人那样只停留在对自然数的加减层次，他已经发明了乘除法、小数点和代数……"他是一种独特的声音，一种新的可能。"他是嬉皮一代的文化偶像，是后垮掉派诗人。村上春树认为"他描绘的静谧、温柔又充满幽默的个人世界，是平凡作家模仿不来的"。20世纪60年代狂售两百万册的销售纪录谁敢小觑？"阿波罗17号"宇航员以书中角色为月球陨石坑命名，同样令人瞠目。一位美国出版人给出的评价更高："他是一位在马克·吐温的传统中出现的别开生面的美国作家，他称得上是最优秀的美国作家。只有他的死，能让我们堕落。"

我不认识译者陈汐，至于肖水，应该是那个年轻诗人吧。所以，译文中充满诗意一点儿也不意外。它确有诗歌色彩，甚至可以归入散文诗的范畴。果然！1967年春，他还拥有过加州理工学院驻校诗人的身份。书中充满"童年的回忆、诗歌的痕迹、人与自然的关系"。不过，它与诗歌的"亲缘关系"又不仅限于童年。"在美国钓鳟鱼"成为一个完整的意象，被高度抽象化，成为贯穿全书的一个符号，在不同的场景中被不断地放大，模糊的效果反而强化了隐喻的陌生化效果。

鳟鱼在美国、中国甚至世界范围内折腾这么欢了，我还不认识它。于是，"度娘"耐心地告诉我：鳟鱼是淡水鱼类，是很有价值的垂钓鱼和食用鱼，全世界有六七种。其中，彩虹鳟、断喉鳟和大西洋鲑为加拿大原产，褐鳟、金鳟也已被引进加拿大。鳟鱼身上有斑点，由于生理结构不规则，身体的颜色和习性差别较大，是最难对其分类的鱼类之一。看来该文中关于鳟鱼常识的所言皆有据可查。但因为全世界都知道它的好，鳟鱼现已陷入濒危状态——像不像布劳提根？我一惊。

合上书，我想：布劳提根如果不自杀，一定是啸聚山林的虎、豹。他决不会热衷于在熙来攘往的闹市穿行，也不会以出没于达官显贵的沙龙为荣。他不喜欢与所谓的现代文明为邻。因为很少有人能真正走进他的内心。"秋天于我们有恩"，"直到溪水再度上涨，成为肌肉发达的事物"。他幽渊庞杂，荒疏落拓，豪放不羁，储量丰沛，也许经不起波平如镜，却能抵得住滔天巨澜。也许是宿命。

民间有传言：每一年，果树上第一枚落下来的果子要吃掉，再把果核重新种下去，这样，转年长出来的果子就会更甜——这是不是"青出于蓝胜于蓝"的别解？布劳提根的文字就是这样的果子，它会让"吃"到的人越品越觉出果子的余味。不信？你尝尝。

魔幻者的"天堂"

《天堂超市》

[匈牙利] 马利亚什·贝拉 著

余泽民 译

花城出版社

读这本小说，我从头笑到尾一直在笑。这与我读过的《乌克兰拖拉机简史》和《午后四点》相同吗？当然不同。

译者余泽民曾坦言，他在翻译本书时，也免不了"扑哧"笑出声来。虽然书中写到了恐怖、暴力，是妥妥的"地狱"而不是"天堂"，但并没有想象中的压抑和绝望。或者说，压抑和绝望已成背景；再或者说，压抑和绝望的成分被荒诞的闹剧遮蔽、消解了。

曾经，我是那么不屑于读同龄人写的小说。怎么想？——生活经历太相似，弥补了不确定的空间，因而失却了思维中飞着的那部分。换句话说，太实诚的现实限制了我的想象。再或者，总觉得我辈还没长大，所谓的"经典"是"前辈"所书，才对。

然而，近年来，不断有同龄中的优秀作家刷新了我以往的认知，才知道自己的浅陋和短视。当然，与国内的作家相比，我更看重外国作家的作品，并非崇洋，只是想从他们的字里行间看到我未知的远景，嗅到我未闻的新鲜气息。这一本，没有让我失望，甚至还带来几分惊喜。

"就在今天的黎明，我死了。"惯常的结局、人生的终极，在这里却成为开始。这多少有点儿吊人胃口吧。于是，手不释卷，我在沙发上坐着、趴着、"葛优瘫"着，迫不及待地把它读完。

阅读的过程当然是愉快的。书中充斥的血腥、恐怖、云山雾罩，却并没有影响我的心情。这部小说被评价为"深刻、辛辣，具有无与伦比的冲击力的黑色喜剧"，是开创了"社会—恐怖小说"新纪元的小说种类。但我一直没有"认识"到它的批判意义，或者说，我像在后台早早偷看了谜底的人，看着他们在舞台上蹿蹦跳跃、吃喝拉撒，歌哭、撒谎。最后，他们是什么结局，都在情理之中——

昨晚，"我"在睡觉之前还去小屋里看了一眼熟睡的孩子，然后，却因为一件小事跟妻子怄气，使本该做爱频率很高的周末"泡汤"了。"我"听着妻子熟悉的磨牙声，既生厌又好笑，本来打算想想单位的事儿分分神就会睡着，谁知一不小心，却到了天堂——别怕！很好！大家都死了！所有的爱恨情仇统统一笔勾销，"我"想。可是，"我"错了！

接下来，大幕拉开。谢顶的男人、戴金表的男人正为"咯咯"脆笑的金发女郎争风吃醋，主事儿的胖男人宣布，这里是他们将工作的"银河超市"。再接下来，主人公——"我"，看到了像监狱一样的宿舍。谁敢说，那不是另一个人世呢。"我"开始了早七晚九的漫漫工作之旅。

首先，"我"被分配到"蔬菜部"。在那儿，"我"遇到了巨乳母兽般的超市经理，并在她情欲的诱惑、引领与实践中，"我"经历了反抗、顺从、智斗的过程：一会儿，把堆积如山的各种男女鞋配成对；一会儿，诱导人们把花花绿绿的避孕套当成口香糖卖掉；一会儿，"我"又出现在家用电器部，打扫排排一尘不染、望不到尽头的电冰箱、洗衣机。"我"看到躲在洗衣机里的小侏儒时，连忙向谢顶的男人举报。结果，"我"不但没有得到奖励，反而遭到小侏儒的戏弄，又遭到工头殴打。除此之外，"我"还要参加业务培训班。不仅"我"的际遇如此倒霉，其他人的也没好到哪儿去。角斗士每天都要被杀死一回。小侏儒要背着白铁皮棺材叫卖，卖不出去就一直背着。"我"后来又去卖甜面包圈，谎称可以美容、使阴茎变长、让人长出翅膀。"我"还卖过能让人消除记忆的海员牌饮料，忘掉自己到底是谁。总之，这些人过着连滚带爬、苟延残喘的生活，一天又一天。

"变态狂"女经理看中了"我"。"我"在复杂的情感中顺应了她。于是，"我"摇身一变，工作上晋升了一级，可以住公寓、吃美食了，还有了可以随意支配的女秘书。但那个秃顶男人依然是"我"的上级，每天还要过着"卖卖卖"的推销生活。

圣诞节快到了，"我"开始卖呆头呆脑的小雪人、胖嘟嘟的金发小天使。在喉咙被越扼越紧的时候，"我"却坚硬得像一根钢筋，略弯曲，但没有过分变形。"我"能坚持多久？"我"又遭遇了什么？

生活变得更加离奇。"我"首先遇到了半裸着诱惑"我"的老妇人，为了卖掉"小雪人"和"小天使"，"我"顺从了老妇人并最终杀死她。然后，"我"又遇到了奇葩、惊悚，喜好用人肉和自己的尿做汤的杀人魔。"我"被逼体验了与杀人魔一起做祭祀、喝人肉人尿汤的恶心经历。"我"的经历愈发莫测。"我"被一个恋童癖者认作兄弟："我的兄弟！真正的天堂在我们的心灵里。""我"被感动了吗？不得而知。然而，忽然之间，"我"爱上了那个世界！具体表现为：爱上了那个超市！

"我"高兴得太早了。接下来"我"又遭遇了"僵尸奶奶"，还有整天忙于工作、顾不上做爱的撒旦，"我"要陪着撒旦打羽毛球。"我"如此咬牙切齿地经受着那些苦累、屈辱，拼了命地完成一次次超有难度的、非人性的工作量，只是因为心里始终存着一个信念：要活着！要回到人间！回到妻儿身旁！

　　鉴于"我"努力工作，"我"被任命为公司总经理，位居"母兽"之上——是她甘愿让位的。"我"怎么想？"我"马上辞掉了原班人马，任命了自己人。小侏儒不用再卖棺材了，两个争风吃醋的男人也当了官。很快，为了促销，"我"一手策划、导演了一个阴谋：控制电视、新闻、网页、电影，制造马上就要爆发战争的假象，人们开始抢购食物和生活用品，超市里乱作一团（这个情景，让我想起《面包匠的狂欢节》《香水》中最后的场景），抢不到东西的人互相残杀，血流成河……

　　当促销效果达成，"我"以为自由了——"我"准备辞职。但辞职信上要有撒旦、上帝和"母兽"三个人的签字才能生效。"我"想方设法，终于得到三个人的签名。"天哪！天堂是一个多么可怕的地方！话说回来，又是多么简单，多么真实！"

　　清晨醒来，"我"发现自己置身于一座小岛上。沙滩，青草，鲜花，森林，阳光，鸟鸣，完全是世外桃源般的仙境。

"我"修缮房屋，打扫地板，清理蛛网，清洗衣物，用生锈的平底锅打水。当一切收拾停当，天已经黑了。"我"觉得又累又饿，就去海边捕回一条大鱼，在岸边用芦苇和树枝架起篝火。"这里有通向哪里的路？可能通向哪里？""我"望着眼着的路，心想。"我也不需要路了。"自我解嘲着，"我"回到小屋，睡下。

许多天过去了，"我"烤鱼、散步、眺望、沉思，觉得自己已经进入了永恒，抵达了历史的终点。但不管日子多么惬意，"我"还是怨恨上帝，没人听"我"讲述过去、欲望、快乐、困惑。

又过了一些时日，新日子让"我"开始越来越不相信自己所经历的一切，对过去也想得越来越少。成功与失败、忍耐和拼搏，连妻儿的面孔都已模糊了。有一天，"我"在海边钓鱼，突然看见一条木船划来，难道是朋友、同事——也许是妻子来找"我"了？

细看时才惊愕地发现，操桨使船的竟是上帝！这里好吗？目的是什么？宁静是什么？渴望是什么？"我"说，"我"不喜欢被迫、必须、强制和痛苦。"但是痛苦不仅是好东西，而且很重要！只有你经历了痛苦你才会珍惜这所有的一切：美好、阒然、宁静、快乐与和平……

我能不能留在这里，跟你一起再留一会儿？"上帝问"我"。

"你别留在这里！我一个人在这里挺好的。"

"你有最后的意愿吗？我成全你！"

"我需要纸、钢笔和时间，我想写下这一切！"

上帝走了。"我"回到木屋，发现桌上摆着"我"要的东西。"我"开始写。写完了这本书，等待着世界末日的到来。

有一天，"我"在海滩上闲坐，发现不远处一条大鱼似的东西游来——不是别人，来者正是"母兽"！

从此，"我"的生活转入了另一条航线——她用疯狂的欲望，将"我"的日子变得浓稠、快乐。简直太销魂了！"我"彻底忘掉了世界毁灭这回事，更别说最后的心愿了。

"我不愿为钱拼命，我清楚那是世上最大的蠢事。不管在哪儿，人们都在说谎，谎称那里是世界上最美好的地方……继续走吧，不要回头！去找属于你的那个小小的岛屿。每天都在沙滩上晒太阳，捕鱼，说不定哪天你会路过这里……"

曾几何时，"天堂"被我们称为遥远的理想国，既不想成为那儿的国民，又对那儿充满无限神往。甚至，在人世无法满足、无法实现的事情，都归结到"悬崖下瑶草琪花，曲径旁紫芝香蕙"的天堂。那里一定没有纷争、中伤、寒戚、贫贱，一切都是暖暖的、轻轻的、柔柔的。

　　诱惑性有多深，欺骗性就有多大。其实，所谓的天堂与人间无异。更可怕的是：在人世活腻歪了，可以一死了之；在天堂，既不可以生，也不可以死。想想看，人类处于多么尴尬的境地！凌迟之苦，折腾得死都不成。为了个人的私利，他们可以不顾廉耻，胡作非为，无情、无耻更不必说。这与人间何其相似？那么上天堂的热望岂不无望？天堂到底指什么？在我们约定俗成的认知范畴之外？撒旦、上帝、神秘的母神，又有什么寓意？

　　我知道它的批判勇气和精神，但我为什么一直在笑？况且，看到主人公最后在沙滩上捕鱼，并没有回到他朝思暮想的现实社会时，我忽然觉得：另一个鲁宾孙"诞生"了。好的文学作品，不管是诗还是小说，散文还是小品，上升为哲学，才更有余味。仿若一丝绕梁的音韵，令人叫绝。

　　马利亚什用锋利的尖刀，像庖丁解牛一样"解析"现世，并耐心地指给你看：这里腐肉饲蝇，那里尚有一息鲜肉，中间流着的血正在变质……清醒得可怕！据说，小说名字如果直译的话，应该叫《一个死人的日记》。天堂，似乎更容易让人接受一些。死，是忌讳的，于是改成现在的名字，但含义更加丰沛、充盈。嬉笑怒骂皆文章，是另类的关注与爱怜。成人的经验和智慧，孩子的好奇与天真。幽默的，热的，冷的。正符合我的口味。

一个生于1966年的人，怎么会有如此老到、犀利的笔触？依血统论而言，贝拉是匈族人，历史上归属匈牙利，一战后割让给南斯拉夫。青年时代，贝拉就在贝尔格莱德学习绘画、音乐。他是小说家、画家、音乐人，最早成名是因为先锋音乐。他是东欧有名的"学者们乐队"的主唱、萨克斯风手，又吹小号、长号，是名副其实的全才、怪才。当年，他与乐队中的一位好友一起娶了一对姐妹。战争爆发后，他们夫妻幸运地逃走，另一对留在战火中的年轻人却被残酷地毁掉。他像鲁迅一样亲历了战争，见证了苦难与挣扎，希望能用艺术疗伤。他坦言："我不是在咖啡馆里写作那类作家，我从一登场就已经鼻青脸肿。"他所有的作品都带有浓浓的"东欧味道"，特别是"巴尔干元素"：沉重、犀利、黑色、现实。

某年在广州参加活动时，贝拉说："我关注生活，关注生活中那些早就没有了梦的底层人。也许，有的读者会觉得我写的故事变态、残忍，但你不知道，真正的生活要比我写的更变态、残忍。"他永远记得自己作为东欧人的身份，他讲述东欧人的痛苦与压抑，灵魂的扭曲与内心的狂野。知晓了这样的背景，就不难理解为什么他的笔名、艺名叫"马利亚什医生"。

译者余泽民是值得期待的。当初，我读他译的《烛烬》时，曾觉得他的翻译过于平顺，"滑滑的"就过来了。不过，他对复杂、矛盾心理的描述，确实令人惊叹。犹如一箭在弦，隔着空气，却能分毫不差地感知利与寒。

值得信赖的，还有花城出版社。这是花城出版社"东欧系列"的第六辑。我看到贝拉的《垃圾日》名列其中，就一定找来读。因为贝拉的魅力不可阻挡——他的音乐会主题可以叫"来自爱的世界的美丽图画"，也可以叫"一个汽车修理工杀手的自画像"。他的视界、思维、底色，从粉红到黑色，广博、荒诞、极端、现实，相互杂糅在一起——他太丰富了！令人迷恋！

1918 年，梁济在自杀前三天，若有所思地问梁漱溟："这个世界会好吗？"这个当时在北大教哲学的儿子说："我相信世界是一天一天往好里去的。"当我们看过了"天堂"里的"超市"，是否还会对尘世的不堪耿耿于怀？

托卡尔丘克的捕梦网

《白天的房子，夜晚的房子》

[波兰] 奥尔加·托卡尔丘克 著

易丽君、袁汉镕 译

四川人民出版社

《白天的房子，夜晚的房子》，而不是《白天和夜晚的房子》，为什么这么写？从人们惯常的思维去理解，这也不太正式了吧！"有点儿不像书名。"殊不知，这恰恰是它的特点，正是托卡尔丘克的语言风格和性格特色。生于 1962 年的她用这种别致的方式向我们展示她的深意：世界并非只是一片漆黑。世界有两副面孔，它对于我们既是白天的房子，也是黑夜的房子。势均力敌，平起平坐。

还没读完托卡尔丘克的书，我就忍不住想写读书笔记了，有许多话像雨后的青草，孜孜地往外冒。我知道，普遍的认知和价值判断起了作用。

知道她，是从她得了 2018 年的诺贝尔文学奖开始的（由于瑞典文学院方面的某些原因，2019 年才得以公布）。噢，得奖了，得找来看看。毕竟在场嘛。

只翻了几页，我就被深深吸引了——这话十二分无力，但的确如此。第一页是《梦》，可说出来的却是再明白不过的清醒话了。"我看到谷地，谷地里有幢房子，就在谷地的正中央。但这既不是我的房子也不是我的谷地，因为二者中任何一件都不属于我，因为我也不属于我自己，甚至没有我这么个人。"天！还有用这种语气说话的吗？服了！接着往下看，它没有让我失望。

正如评论所言，这是 20 世纪 90 年代波兰文学中的一部奇书，由数十个短小的史诗风格体、叙事体、论文体的特写、故事、随笔等等集结而成的多层次、多情节的长篇小说。波兰评论界称它为"百衲衣"。这些文字之间缺少内在的统一性，且没有一个贯穿始终的单线条故事情节，形形色色的人和事像电影中的分镜头，在场景中走来走去。这种写法完全是处于文学品种边缘的小说啊。

从时间层面上看，文中涉及远古时代、中世纪、现代甚至未来；从表现风格上看，时而轻松，时而沉重，时而忧伤，时而残酷，时而欢快，时而纠葛；从表达意义上看，时而晓畅，时而费解，读起来轻松，读明白却并非易事；从表现手法上看，在神话、史诗、民间传说、现实和历史之间自由穿越，看似矛盾的事物被巧妙地组合在一起，质朴与睿智并存，天真和犀利同在，叙事简单，近乎白描，但明眼人一眼便能参透她的情绪、观点与思想；从内容和人物范畴上看，涉猎得太多了，政治、军事、庄园主、农人、刀具匠、骑士、幽灵，最后都归结到人性上，或都从人出发、以人为背景；从体例上看，有童话、寓言、小说、散文……无法归类，真不知道还有什么没打包在内。难怪诺贝尔文学奖给她的颁奖词说，托卡尔丘克"有着百科全书般的叙述想象力，把横跨界限作为生命的一种形式"。从篇幅上看，每篇长则三五页，短则一页甚至半页，最长的二十页左右。之于长篇累牍的"大部头"，它太不像长篇了。但我却隐隐盼着眼睛正看着的下一页是个短章——像一大碗菜里有几片肉，总是忍不住先翻出来看看，再有滋有味地逐一品味。

我近乎贪婪地跟着她上天入地、钻山入林，惦记着"她和他"到底是否离婚，也为灰烬如何占卜福祸纠缠着，幻想有机会去看一下神秘的本笃会修道院……读着读着，竟然生出不想马上读完的不舍——我常常以此判断它是好书！

缠绵四五天之后，还是读到了最后一页，我终于认同了评论者所言——她建立了一种信念：文学作品可以既易懂又深刻，既简朴又饱含哲理，既意味深长又不沉郁，充满内在的复杂性、激烈的矛盾冲突。

其实，小说除了另有一个"R"，就是贯穿始终的人物——做假发的女人玛尔塔，像第一人称叙事的另一个"我"。玛尔塔没有上过学，大字不识几个。她的知识来自大自然，来自生活，因而她有着天然的智慧，像具有某种神秘力量的女巫。"我"对她充满爱，这爱使"我"跟随她找到了世界的节奏，从大自然和生活中，听到、看到、学到、感受到世界的脉搏。

仔细分析，这部小说有四个层面的人和事编织在一起。一是处理现实层面，习俗描写带有嘲讽的口吻；二是分裂成片断、散布在全书中的有关梦的哲学思考，令人回味；三是带着一个寻根的愿望和一个戏弄历史的恶魔，隐藏起历史的信息；四是传记的楔入，包括第一人称叙事者的自传成分，充满神话韵味的中世纪圣女库梅尔尼斯的传记融入其中。不过，仔细品味，小说真正的主人翁是梦。不是吗？梦掩藏着、承载着人生的意义——人生如梦。梦如人生——人生活在白天的房子里是清明的，醒着的；生活在黑夜的房子里是昏魅的，梦着的。而构成梦的主体至少有三个层次的内容：一是梦的世界，二是作为梦的世界，三是梦中看到的世界。是她使幻想与现实、真与假、善与恶、美与丑充分交融在一起，分不清彼此。

除此之外，寻根也是托卡尔丘克创作中的重要内容。她远离红尘，定居在乡村，与大自然为伴，做着自己喜爱的工作，过着半人半仙的生活。同样，在书中，她也有着浓浓的相思，对似水流年改变着一切的相思，对本质意义上土地、家国的相思。正如那位德国旅游者一样——对他来说，下西里西亚也是他的故土。寻梦老者半个世纪之后执意回去看他的祖宅，还不顾年老体衰坚持登上山脊，"他把世上所有的山跟这些山做过比较，在他看来任何山都没有这么美"。结果他死在波兰与捷克的分界桩旁，一只脚在捷克，另一只脚在波兰。这是否可以看作托卡尔克丘心中的思乡情结？

——我读了这本书的感受是什么呢？

我迷恋她转身即可变出花样儿的精灵模样——有些孩子天生就是这样。他们外表冰冷，面沉似水，内心却丰富而热忱。像一名中草药药剂师，她在小托盘上称出一服草药的总重量，手腕小心用力，一掂又一掂，把总药量均匀地分成若干份，掂到事先摊开的包装纸上。她也许徒手点种式的分配稍稍差那么一点点，不够匀称，这一份里当归多了零点几钱，那一份里肉桂少了零点几钱，每包药剂的属性就发生了微小的变化。托卡尔丘克就是这样。但我不知道哪味药重一些，才使她沉稳、深邃的个性更为显见。

我不知道波兰人都取什么样的名字，但"托卡尔丘克"怎么也不像女人的名字。不过，温软却在硬朗中，一如她的文字。如前面所言，这本书中充满了农耕的年代感，时空虽然陌生，但也不尽然。草木灰的味道，雨后花花草草的淡馨或苦香，都是我们熟悉的。她的描写清新、不俗、别致，用词不与人同。有着冷峻、洒脱的帅气，也有着连跑带颠的小俏皮——对，说着说着书面语，就跑出一句有趣的俏皮话，虽然也是书面语，但你可以想见她说那些话时的面目表情及心态。在场感十足，性格自然显露。

反观本书，所涵盖的意义可谓庞大。那些人不在同一个时空里，真的！不在！这也正是此书或说托卡尔丘克的写作风格。世事洞明的口气，在文中人的生活之外冷眼旁观，忽一会儿又掺和进去。她以想象力为"扫帚"，像日本动漫电影《魔女宅急便》中的魔女琪琪一样，在天地之间，在人间与灵异的各界穿行，毫无阻碍，无所不能。

虚妄。臆想。谵语。仿佛漫不经心的零敲碎打。闪回。断章。残简。都是时光留下的人质和物证。她如任性的孩子，不"合流"；又如"独眼""毒眼"妇人，见多识广，东拉西扯，脑洞大开，奇思妙想。"人类的世代更迭，是土地的瞬息一梦。碎片化的史诗，呓语般的寓言。"古老的安静与敌意并存，开放的结局与既定的命运不可揣测。但见她东一榔头西一棒槌，你却被她像木偶一般牵着走。

自己的胡须每天都刮，男人不会留意它是白的。忽一日，遭遇新冠肺炎疫情，他怠惰、心焦，像宫女怨妇，懒起、倦梳妆，一周、半月过后，刷牙、洗脸的瞬间，于镜中匆匆一瞥，惊见自己的颔腮之下"杂草"已黑白参半——他成了自己的陌生人。我忽然想起，读者在托卡尔丘克魔棒的引领下，最后竟然成为不知自己早已花白了胡须的那个半老男人。一声轻叹不足以砸伤脚面，却让心中闷闷堵堵的不畅快。

但是，不管是老女人，还是半老男人，在她那儿又会变身为"老小孩儿"，都会跟随着她欢乐地玩一场，即使掉几滴眼泪，也像太阳雨，很快就干了。单说一例吧。你看，她的目录多好玩儿，有的根本根本不像篇目。有的是简单的字、词，如《听》《白色》《彗星》《占卦种种》，这倒罢了；有的像菜谱，如《用马勃菌制作甜点》《酸奶油焖毒蝇菌的方法》《毒蝇菌蛋糕》；有的像导游手册，如《关于皮耶特诺的旅游指南》；有的干脆就是一首诗，如《刀具匠们的赞美诗》，除此之外，无着一字；有的简直长得不明所以，需要缓一两口气才能读完，而且随意得像要交卷前两秒钟不想让答案空着随便对付老师的，如《库梅尔尼斯逃进山中的荒野，在那里受到魔鬼的诱惑》《库梅尔尼斯使卡尔斯堡的康拉德的孩子们恢复了健康》《后来他们怎么样了？在月蚀之前，R 这么问道》《我们走，我说，明天是万圣节》；有的还重复几次，如《谁写出了圣女传，他是从哪儿知道这一切的》出现了三次，甚至还出现过四五个《梦》《网络中的梦》（或者更多）。内容和语气，也让我想起学生时代那些厉害的理科男。他们的字写得漫不经心甚至乱七八糟，但漏水的钢笔在演算本上三下五除二，就把我抠了几堂课仍是乱账的一道难解的方程解了出来，那份洒脱远远大于乱糟糟的卷面而抢滩登陆，掠夺了老师和同学们赞美的目光。

对！就是这种感觉。正像托卡尔丘克在《词语》一节所描绘的："像玩弄一颗成熟的苹果，闻它们，尝它们的味道，舔它们的表皮，然后咔嚓一声将其掰成两半，细看它们羞怯、多汁的果肉。"也像她命文中主人公玛尔塔说过的话："如果你找到自己的位置——你将永生。"

她找到了！《观察家报》对她的评论是这样的："托卡尔丘克的散文式书写简单朴实。她以一种很自然的口吻讲故事，将其笔下世界的希望、单调与荒谬轻松道出。她使想象与真实的生活交织，梦境掺杂进现实，回忆与当下重叠，并且做得天衣无缝。"这正印证了她关于文学的主张——她认为，应该睿智地对待文学，睿智应该是文学创作的一种基本追求。她在第一章前，还引用了纪伯伦的诗："你的房子是你更大的身体。/ 它在阳光下长大，在夜的寂静中入睡。/ 它有时做梦。"嗯，她的目的正在于此——她穿着廓大的时空的"外衣"，像个贪玩的孩子，欣喜地跑着、跳着，见到了世界原初的模样。

没有记忆的记忆

《几乎没有记忆》
[美] 莉迪亚·戴维斯 著
吴永熹 译
中信出版集团

刚刚读过波兰作家奥尔加·托卡尔丘克的《白天的房子，夜晚的房子》，就又读到了同样优秀的女作家戴维斯的《几乎没有记忆》，这真是闷在家里的这个三月给我的意外惊喜。

莉迪亚·戴维斯，1947年出生于美国麻省北安普敦，是美国当代著名的短篇小说家之一。她同时还长期致力于经典文学的译介工作，翻译过福楼拜、普鲁斯特的作品。2009年出版的《莉迪亚·戴维斯小说集》是她迄今为止最重要的作品合集，《几乎没有记忆》包含该小说集的两部分：《拆开来算》《几乎没有记忆》。

刚打开书时，我开了好几次头都没读下去——可能每次拿起它，都是我体能最差的时候，所以翻个三两页就放下了。再次拿起，读到第三篇时有了"碰到荏子"的感觉，复翻回首页，对因为个人倦怠造成的疏忽表示歉意。于是态度端正如小学生，一字不漏地读啊读，白天黑夜地读啊读。

　　总体来说，两辑中《几乎没有记忆》比《拆开来算》更过瘾，是不是因为我已深入她的语境或已习惯了她的语气？她像托卡尔丘克一样有一双魔术师的手，出其不意是她们的拿手好戏，甚至连起标题的方式都很相像——是她们彼此相像。但她似乎比托妹妹"走"得更远一些。姜还是老的辣，或者"辣"的不是同一个地方。或许是年龄、阅历的关系，也可能是性格的原因——正如该书译后记的标题《戴维斯的"个性"》使然。

　　女人。母亲。英语教授。作家。法语文学译者。常常失眠的人。离婚后独居但坚称前夫为"我丈夫"的人。受挫的恋人。用索引卡整理自己生活的人……这是戴维斯小说中反复出现的形象，或许与她自己是同一个人，或许不是。但都统统以"她"相称。"她"即她们——她在无名小镇、村子、城市里游走、欢笑、悲戚，是什么样的场景及人生，视"剧情"而定。

　　或许，这些"剧情"没有完整的故事情节，没有矛盾冲突，甚至没有场景、对话，凡是小说应有的质素它们或许并没有。那么，它们都是什么模样的？歪着脑袋细细品味，我想到了一众词语：散文？散文诗？寓言？

童话？故事？格言？箴言？谶语？内心独白？自说自话？速写？长镜头？微距？这与我们了然于心的契诃夫式、欧·亨利式的经典短篇小说多么不同。

它们灵活多变，像20世纪60年代的台湾歌手凤飞飞的百变帽子戏法，任性，大胆，执拗，一意孤行。像"不听话"的孩子，把游戏玩得波谲云诡、险象环生——但她几乎没有一次失手，是清澈的顿悟带来的精彩纷呈。一件黑夜颜色的宽袍大袖被她耐心、细致地层层翻来，展现于聚光灯下，每一层都有不同的景象与深意。

那些小标题，就是提纲挈领、击中要害的"关键词"，不禁让我想起读书笔记的索引——一个被风云变幻深深吸引的近乎"贪婪"的人，一边不错眼珠儿地跟着她满世界跑，一边在右手边的笔记簿上信手记下脑子里突然冒出来的字词、短语、断章。也许与本文相关，一目了然便能明了大意；也许三眼两眼，只看到个梗概。

如《一个人生的摘要》，其中列举了《童年》《如果你想到什么事情，就去做》《日本诗人小林一茶》《大人们》《与托尔斯泰相遇》《我理解了艺术的真谛》《拉得太好的大师》《人们都是一样的，夫人》《爱因斯坦博士是我的监护人》等几小节，长则大半页，短则一句话，十字左右。它呈现的内容，既不是所有人生的必经之旅，也未必是个性的代表性事件，甚至上下文之间看似毫不相干，但总有游丝般的气脉是相贯通的。即便只是情绪和情怀，读起来也足够让人牵肠挂肚。

所以说，戴维斯算是文体家。这种独特创建，使文本的意象与意义高度浓缩，充满节奏感、新鲜度，具有极强的张力，高密度、大压强——无意间，是不是滑向了理工领域？"翻译让我对于多种词义的细微差别更敏锐。"这是戴维斯的原话，或许这是答案？对语言柔韧有余的操持，像平衡木上的体操运动员，这种"技能"来自先天的敏锐发现和后天的精雕细琢，缺一不可。

我还想说她作品中的小标题，很有滋味。你细品，如酒局中不同方法制作出来的花生米，味道每每不同，但都是一"碟"好的下酒菜。其中，像标题的就不说了。不太像标题的，如：《一个人生的摘要》《我身上的几个毛病》《一个老女人会穿什么》《困扰的五个征兆》《伦理信条》《她知道的》《试着理解》《另外那个人》《这种状况》《关于困惑的例子》等等。还有令人莫名其妙的，如：《肉，我丈夫》《一号妻子在乡下》《从楼下，作为一个邻居》……有的单从标题上看，还真不知道她要说什么。

单看标题，就够"喝一壶"了——荒诞，怪异，幽默，无厘头，搞笑，调侃，戏谑，解嘲；紧张，恐惧，失声尖叫，把人生的麻木与残酷撕开给你看；发岔，神经质，溻散，精力不集中；感性，但也理性、思辨；电影变成了分镜头，卡带了，结结巴巴；绕口令，巧舌如簧或佶屈聱牙；智力角逐，脑筋急转弯；跑了五千米还劲头十足，如上紧的发条，劲儿还没有懈完；也有无药可救、爱莫能助的无奈，好像看见她耸耸肩膀，摊开双手……

说真的，有的篇什是一本正经的讲述，像小说；有的完全不像。像什么？各有不同。好吧，我来给你扒一扒。但戴维斯是老师，请先原谅我照抄作业——

有的像在讲课，如《法语课I：Le Meurtre》，讲词语的不同拼法，文末还列举了下节课前应该预习的"云雀""翅膀""羽毛"等词汇的读写方法。确实上了一节地道的公开课。

有的似乎在讲小确幸，如《鱼刺》。丈夫被鱼刺卡了嗓子，到医院取个鱼刺的简单过程也能写成一节。关键是整个过程没有意外——除了吃鱼卡了鱼刺是意外——当然，鱼刺取出来了。和所有人一样，他们去医院、找医生，鱼刺成功地被某个"名垂个人史"的医生取了出来。医生很有成就感地推高头上的探视镜，用镊子举起那个被揪出来的"罪魁祸首"给她丈夫看。她丈夫试着咽了下口水，眼睛灼灼放光。但细读，仍有鱼味，也有余味。这大约就是能力！

有的在讲一个大命题。如，一篇名为《问题》的一节，短短六行半，涉及人物七八个，潜在的人物无数。说两个人在一起靠第三个人的钱生活，他们的钱又分别供养了谁谁的小孩、母亲，谁和谁生活在一起但不出钱，谁很少去看他的小孩但供养那个小孩……晕！直觉脑神经打结了，像正在施工的线路，弄不好会啪啪打出火花儿，立马断电、死机！我直接将这一部分略过，但我知道这是一个关于世间万象、人间百态的"大"小说。

有的讲表面简单的事物间的内在联系，如《反复》。米歇尔·布托尔说旅行就是写作，因为旅行就是阅读。进一步展开：写作就是旅行，写作就是阅读，阅读就是写作，阅读就是旅行……分明就是绕口令嘛！接下来是积木般的拆拆叠叠，连线题，几何倍数的裂变。又一次晕倒，宣布"阵亡"。没有空间构架能力和超强理性思维的人，还是别为难自己了。上技校时，我连制图课的俯视图、仰视图都想象不出来、画不好，这个岂不更难？作罢！类似的还有《另外的那个人》。但内在的联系如千丝万缕的血脉，有清晰的来龙去脉。我还是呆坐着，看她微笑着把魔方按照自己的意思咔咔有声地旋来转去吧。

有的像电影。如《一家人》。在夕阳西下的绿地游戏场上只有一家人，而作者的笔就是摄像机镜头，我们跟着她的观察视点在胖女人、黑人小男孩、瘦高个男人、黑人女孩等人身上不停地移动，轻松勾勒出动态的多人行为轨迹图。像电影教学片的一个个分镜头；又像连环画册，快速翻动起来，会产生动画片的感觉吧。这是少有动画片的年代里，我们小孩儿最喜欢的玩法。

有的在讲述道理。如《一个老女人会穿什么》，并非仅仅写老女人的穿着。《袜子》更不是单纯写袜子，而是写了一个离婚的女人在家里找到了前丈夫的一本书和他的一只袜子。她去看他时，在街上把袜子递给他。他呢，想都没想，很自然地把袜子放到屁股口袋里——就是这么一个微小的动作和细节，她却写得细腻、婉转，一个人坐飘窗前猛吃三支烟也解决不掉那种忧伤、回味。

有的如独幕剧，却是冰冷的孤独和深渊，心如汪洋中无依无靠的孤岛。如《在一所被围困的房子里》，在一所被围困的房子里住着一个男人和一个女人。男人和女人在厨房里蜷缩着，并听到了轻微的爆炸声。"是风。"女人说。"是猎人。"男人说。"是雨。"女人说。"是军队。"男人说。女人想回家，但她已经在家里了，在这乡下的深处一所被围困的房子里。

当然，写到爱时是含蓄的，也是欲言又止的。如《安全的爱》。她爱上了她儿子的医生。她独自一人住在乡下——有谁能责怪她吗？这爱中包含着某种盛大的激情。但它同时也是某种安全的东西。这个男人在屏障的另一边。在他和她之间存在着：诊台上的小孩、办公室本身、工作人员、他的妻子、她的丈夫、他的听诊器、他的胡子、她的胸部、他的眼镜、她的眼镜等等。

还有更为孤绝的。刺骨的疼，寒战，无边的黑暗。如《爱》：一个女人爱上了一个已经死了好几年的人。对她来说，刷洗他的外套、擦拭他的砚台、抚拭他的象牙梳子都还不足够：她需要把房子建在他的坟墓上，一夜又一夜和他一起坐在那潮湿的地窖里面。

有的如荒诞的独白。如《第十三个女人》：在一个有十二个女人的镇上还有第十三个女人。没有人承认她住在那儿，没有寄给她的信，没有人和她说话，没有人问起她的情况，没有人卖给她面包，没有人从她那里买过东西，没有人回应过她的目光，没有人敲过她的门；雨不会落到她身上，太阳从不照在她身上，天不为她破晓，黑夜不为她来临；对于她来说，一个个星期并不逝去，年月也并不向前滚动；她的房子没有编号，她的花园无人照料，她门前的小径无人踩踏，她的床铺没被睡过，她的食物没被吃过，她的衣服没被穿过。尽管如此，她依然住在这个镇上，并不憎恨它对她做过的一切。

煞有介事的，让我想起了某个电影，那是一个不被小镇接纳却人人向往的女人。熟视无睹？真空状态？实则大有深意。又想到《等待戈多》，这个"女人"存在吗？透明人？不是人间之物。评论家提到了她作品的"自我戏剧化"，所言极是！热闹，禁不住带着看戏的心情与心态去看。

有的像一首哲理诗。如《奇怪的举动》：你看这就是为什么要怪的是环境。我并不是一个奇怪的人，尽管我往耳朵里塞了越来越多撕碎的纸巾，头上缠着一条围巾：当我一个人住的时候我拥有我所需要的一切宁静。

有的像在反驳、怨怼。如《试着理解》中，有八十七字超长的一个句子。"我试着理解这个开我玩笑的爱玩闹的男人与那个和我谈钱时严肃得不再能注意到我的严肃的男人以及那个在困难的时候向我提供建议的耐心的男人以及那个离开家时摔门的愤怒的男人是同一个人。"背过气没？窒息感。这要多么清醒的头脑、多么深刻的认知、多么激烈的情绪，才捋得清"这个男人"？

有的寓意深刻。如《丢失的事物》：它们丢了，但又没有丢，而是在这世界的某处。它们大多数很小，虽然有两件大一些，那是一件外套和一条狗。在那些小物件中，有一枚价格不菲的戒指，还有一粒贵重的纽扣。它们从我和我所在的地方丢失了，但它们又并没有消失。它们在别的地方，或许，属于其他人。但即便不属于任何人，那枚戒指，对于它自己来说，依旧没有丢，而是还在那儿，只是不在我所在的地方。而那粒纽扣，同样在那儿，只是仍然不在我所在的地方。

有的，裂变，出离，一分为二，灵魂出窍，代替别人换位思考。如《从楼下，作为一个邻居》：如果我不是我，而是作为一个邻居，从楼下偷听到我和他说话，我会对自己说我多么高兴我不是她，听起来不像她那样，没有像她那样的声音和像她那样的看法。但我无法从楼下作为一个邻居听到我自己说话，我无法听到我听起来本不该是的样子，无法像假使可以听到她那样因为不是她而高兴。但话说回来，既然我是她，在楼上，我不因为我是她而遗憾，那么在这里我无法作为一个邻居听到她说话，我无法对自己说我多么高兴我不是她，而如果在楼下我就不得不那样说。

有的如残酷、直观的生死观摩。如《太祖母们》：在家庭聚会上，太祖母们被安置在了阳光房里。但因为孩子们那里出了些问题，妹夫又醉得不省人事，太祖母们便被大家遗忘了许久。当我们打开玻璃门，穿过塑料树组成的丛林，走向那些阳光照耀下的女人时，一切为时已晚：她们满是骨节的手已经长进了手杖的木头里，她们的嘴唇粘在一起合成了一片薄膜，她们的眼珠变硬了，一动不动地聚焦于外面的栗子树丛，孩子们在那里穿来跑去。只有老艾格尼丝还一息尚存，我们能听到她艰难的呼吸声，我们能看到在她的丝裙底下她的心脏在劳作，但我们走向她时她的身体微微颤抖后便不动了。

毛骨悚然！但谁说她在扯闲嗑呢？这种震撼犹如我读了雅歌塔的《恶童日记》，当我看到兄弟俩把妈妈的骨头串成人形挂起来的时候，惊悚、颤抖与此类同。

有的像有一种游戏的心态。如《亲近感》：我们对某个思想家有亲近感是因为我们认同他；或者是因为他向我们展示了我们已经在思考的东西；或者是他以一种更清晰的方式向我们展示了我们已经在思考的东西；或者是他向我们展示了我们正要思考或迟早都要思考的东西；或者是如果我们现在没有读他的话，就会晚得多才会思考的东西；或者是如果我们没有读他的话，很可能会思考但最终不会思考的东西；或者是如果我们没有读他的话，希望思考但最终不会思考的东西。

像不像顺口溜？如果嘴皮子不溜，真还说不清楚呢。

更重要的是，脑子不灵光，先把自己"绊"倒了。飞檐走壁的"炫技"，令观者直着眼睛，合不拢大张着的嘴巴。她很喜欢用分号，说明她既有感性的体察，又有理性的分析，即使一心一意、恣意汪洋的抒情与描写，也不能乱了她的方寸——我敢说，上学时，她一定是个"学霸"，内外兼修，文理通吃，是眼皮都不眨一下一路"开挂"那种。

　　她是大师，是独特的文体家。她的魅力何在？是她的语言的机智、幽默；是她意识与感受上的机敏与尖锐；是她在细节上的别致与穿透性；是她令人心碎的反省与自我诘问；是她抵达真理时的清晰与优雅。她的兴趣不在于单纯地讲一个故事、把玩一件珍宝——谁家的老人有没有善终，谁有没有找到自己的最爱，不仅仅是这些。她要表达经验及对经验的智识与反思。但是，不管她选取的视角多么刁钻、偏狭，却始终没有偏离最普遍、最重要的议题——关于人类的孤独、爱情、身份、人际冲突、变老，并用新鲜的形式从古老的主题中压榨出新意——像散发着树脂清香和淡苦味道的新鲜橙汁——用观察的敏锐、思考的明晰、感情的深沉，引我们悉心倾听。评论家伍德说它们"结合了清晰、格言般的简洁、形式创新性、慧黠的幽默感、荒凉的世界观、哲学张力及人生哲理"。

追溯起来，美国诗人拉塞尔·埃德森对她影响深远。而他为年轻的戴维斯所做的，是向她展示：一切常规的写作边界都是可以并且应当被打破的。她深得其奥义，并用玲珑、深邃之作阐释其理论肌理，并向更深远处开掘，这使她赢得了"作家的作家"的美誉。于是，她有了前所未有的自由感——那正是她想要的。

　　可是，她并不是一脚就踏上星光大道的，白天鹅都是曾经的丑小鸭。年轻时，她曾出版过作品集，印数不过区区五百册，像我们一文不名的诗人印出的诗集一样，但她的定力和耐心在文学圈内是罕见的。她三十九岁时有了向好的风向。不过，慧眼识才的评论家伍德早就看好了她，认为她迟早会被看作美国文学伟大的、不寻常的贡献之一。四十年后，这位独特、偏僻的作品的写作者终于迎来了世界范围内的读者。即便美国文学关注的主流是现实主义，她仍然让读者看到了最"非美国化的美国小说家"是什么样子的。

后记：每天都是纪念日

每天都是纪念日。黄昏，当我在微信上写下这句话时，我觉得它同样适用于这篇后记。

每天都是纪念日：公共的，私己的；具象的，缥缈的；快乐的，痛苦的；切近的，遥远的；长久的，短暂的……以至于有人说："每天都是纪念日，而没有纪念。"非也。除了自然的风雨之外，相信每个人都有自己专属的"晴雨表"。如果说，在"完整"而自主地拥有自我之前，我用共通的时间计时、记事，那么，自养成读书习惯后，在每一个春夏秋冬，陪伴我的每本书就都是人生路径上无知无觉中留下的深深浅浅的铭痕——它无影无形，却不断描绘、拓延、充盈、氤氲；它无色无味，却像水和空气一样涵养着肉体生命和精神气象。即便这个"定理"成立，我仍不能确切记起这样的履历起于何时。但我清楚地知道：这样的修行永在，漫漫长路将与我生命的历程等同。

言及这本书的成因，无法回避两个关键词：八里庄、十里堡。前者是地名，后者是地铁站名。二者共同指向的，是一个梦想的集散地：鲁迅文学院。

2007 年 9 月至 2008 年 1 月的一百三十一天，我与五十二名天南海北的文学同道一起在那里度过。十四年后的今天，回望来路时我才确认，它不可或缺地成了我读写路上的一个标志性路标。而它带来的场域拓展、思维持续的狂欢，将无限延展……

初到时，我像个眼花缭乱的贸然闯入者，被迎面而来的新鲜与热闹迷了眼；更像一个兜里有几枚叮当响的硬币的孩子，愿意让硬币在我跑跳间发出与我同频共振的喧响。但是，忽一日，掐指一算：学习时间"余额严重不足"！看着同学们关门闭户不分昼夜"码字砌砖"，我心惶惶，坐立不安。为最大限度地挽回"成长过缓"的"经济"损失，我一头扎进鲁院图书馆里。每次只允许借两三本书也没关系啊，我以点灯熬油、夜以继日的快速周转对跑在前面的同学穷追不舍。于是，从第一本《独自和解》起，我开始了自己与名著的"和平共处"。

就这样，被我命名为《芳菲的花瓣儿》的读书札记如一台没有经过彩排的剧目，缓缓拉开了帷幕。将有什么样的剧情和人物出现在舞台上？我浑然不知。我不喜欢计划，像警犬一样，我始终依靠嗅觉寻找"食物"。哪本书对我的胃口，我会知道。我是个率性的人，同时也是个随性的人，这表现在肉眼可见的行为上，就是常常拍着脑门做出懊恼状。对，我是一个健忘的人。回到写读笔札记这件事儿上，这也是成因之一。起初的动机很简单：我怕把看到的好书忘掉。把它们记下吧——像备忘，像索引，可随时翻阅，可随时与那些隔山隔海或子虚乌有的人瞬间相会。

前一段时间，我像"菜鸟"一样，只记下关键的字词、最初的感受，记下让我哭、让我笑或者让我哭笑不得的人与事。这本书目录的编排顺序，即我读写的顺序。篇幅上前短后长的变化，算不算我"成长"的直观表现呢？后来——啊，于是就有了后来——后来，我想到了分享。我是个"无私"的人：独乐乐不如众乐乐。我欢喜，也要引同道欢喜。想到就要做到。再写读书札记时，我就尽量写得正式些，像要宴请宾朋来家中聚会那样。在保证餐食蛋白质、脂肪、碳水化合物、维生素等营养物质均衡的前提下，我还要讲究提高颜值的"配饰"——是的！我是颜值控——西冷牛排要加一朵西兰花还是红心萝卜玫瑰花？蒜蓉基围虾要加几叶香菜还是薄荷？房间里要环绕着宗次郎还是约翰·施特劳斯的旋律？窗前的书桌上要有玫红蔷薇艳艳的色，还是洋黄桔梗低低的香？我希望借此引朋友们通过秘密通道，与那些五大洲四大洋的"我的亲人们"畅快地欢聚。我只负责引领，让美好的人相互看到，并彼此确认——是啊，我愿意把那些书中走动的人，叫作"我的亲人们"；把"认识"他们的日子，当作纪念日。

断断续续地，我的特殊"长跑"一直持续着。上学时，我的爆发力不行，凡以时间快慢决定输赢的项目都是我的弱项。比如五十米短跑，比如仰卧起坐。我擅长耐力，与时间死磕，比如长跑。类比到文学创作这件事儿上，漫长的读写之旅于我相当有益。至今，我以《芳菲的花瓣儿》为总题，发表了六十本外国名著的读书札记，约十七万字，前后跨越十四年。而编排本书时，我从中选取了四十二篇，约十二万字，是前者的精选汇编。应该真诚地感谢策划人、出版社及编辑的关注与鼓励，我才有机会把这道"宋氏私房菜"呈现给更多喜爱它的读者。

杜拉斯说："一本打开的书也是漫漫长夜。"这样的长夜是多么奢侈的享受啊。当门掩黄昏，万籁俱寂，月光如水，星子眨着眼与你交换默契，天地之间愉悦的神游开启了——

这是我作为一个个体写作者读书经历的私人备忘

录，也是我向文学经典、文学前辈致敬的深情礼赞，更是我们即使单枪匹马也能演绎出千军万马的心路历程。这样的"作品"，不仅是我个人的一部思想成长史，而且也愿它为文学爱好者的阅读打开另一扇门窗——在人类群星闪耀的天宇下，引相惜、相携者共赴一次又一次精神漫游之旅。在你困顿、迷茫的时候，让那些乌有的人扶你度过危桥、断路，看到初升的太阳、炊烟袅袅的家园，这样的精神援助、智力支持妙不可言，真实可感。长此以往，它可以使一个人披尖执锐，直面困厄；也可以翻鞍下马，为一朵在蹄窝儿里仰着小脸儿的旋覆花，泪光盈盈。

我为我的书房命名"闲书房"，许多个与书为伴的漫漫长夜就在其中度过。"闲书房"于我来说是一方让我安适自处的实体空间，而从另一层意义上来说，它也是乌有的，可以指涉所有的书房，所有的疆域——对于在意精神翱翔的人来说，书房即困境，乃局限之围。但它虚设了或荒疏或森茂的廓野，令我们舒展心胸，绵延视听，接天地之灵气，承万物之露华，慢慢长大与成熟，目光稳定而深沉。不过，终有一天我们在大地上旋转着缩小，慢慢消逝，约等于无。其实，我们都是暂住者，方寸之间，盐米菜疏足可安顿肉身，余者皆为额外的消遣。说到底，我们是无力的，唯有阅读如父如母如爱人，如岩羊如茋树如苍鹰——如你想要的人或物，让我们无阻障地行走于无法触及之地，无愧疚地拥有无法拥有之物，无羞耻地看到那些美得令人想哭的风景。让我们情感有所慰藉，生命有所附丽，精神有所皈依。让我们慢慢地、慢慢地成为自己想要成为的样子……

加缪说："不需要有人在前面，我们不要被引领；不需要有人走在后面，我们不要被追随。我们甚至不需要并肩同行，真实而不羁的灵魂可以拥抱，也可以遥望。"但是，我们可以通过阅读再筑亲人和山河。这样大胆的思维飞跃、信心培植、胸襟舒扩，远远地就能看见。

是为记。与友人共勉。

2021 年 7 月 4 日于北京

全国总经销

捧读文化
触及身心的阅读

出 品 人　张进步　程　碧

责任编辑　　党敏博
特约编辑　　方黎明　巩亚男
封面设计　　陈旭麟 @AllenChan_cxl
内文设计　　杨瑞霖

出版投稿、合作交流，请发邮件至：innearth@foxmail.com
了解新书，图书邮购、团购、采购等，请联系发行电话：010-85805570